Working with German

Level 2

Coursebook

Elspeth Eggington
Freelance Linguist

Doug Embleton
Managing Director, The Language Service Ltd

Peter Lupson
Curriculum Manager for Modern Languages,
Croxteth Community Comprehensive School,
Liverpool

Language Consultant
Friedrich Dehmel
Lecturer, Goethe-Institut, Manchester

Stanley Thornes (Publishers) Ltd

Text © Elspeth Eggington, Doug Embleton, Peter Lupson, Friedrich Dehmel 1997

Original line illustrations © Stanley Thornes (Publishers) Ltd 1997

First published in 1990 by:
Stanley Thornes (Publishers) Ltd
Delta Place
27 Bath Road
CHELTENHAM GL53 7TH
United Kingdom

This edition first published in 1997; Rechtschreibreform incorporated 2000.

00 01 02 03 04 / 10 9 8 7 6 5 4 3

A catalogue record for this book is available from the British Library.

ISBN 0-7487-2992-5

New illustrations by Shaun Williams and Linda Jeffrey
Typeset by Columns Design Ltd, Reading
Printed and bound in Great Britain by T.J. International Ltd., Padstow, Cornwall

Contents

*Additional exercise based on this grammar point at end of chapter

Contents

*Additional exercise based on this grammar point at end of chapter

*Additional exercise based on this grammar point at end of chapter

Introduction

Working with German Level 2 is designed for anyone needing to use the language for practical purposes, in particular for commerce and industry and for travel. The text is based on common work-orientated situations likely to occur in German-speaking countries or in business relations with these countries.

Each chapter illustrates particular grammar points which are developed by means of dialogues, texts and individual or group situational exercises. The chapters are graded structurally and new grammar points are explained at the end of each chapter. There are also additional grammar exercises relating to the grammar in each chapter.

Students gradually build on their competence in the skills they are likely to need when using German for work purposes, for example fax and letter writing, making telephone calls, gist translation, note taking and dealing with problems. Each chapter has relevant listening and reading comprehensions.

Recorded material is available on cassette for use with this course and items on cassette are indicated in the book by the symbol 🖅 . Transcripts of the listening comprehensions and dictations are provided at the end of the book together with a list of irregular verbs, abbreviations and a vocabulary list. The definitions in the vocabulary list relate to the context in which the word is used in the book.

The 1997 revised edition has these new features:

- Updated texts, illustrations and photographs
- Additional listening practice for each chapter
- Several new reading texts using up-to-date authentic materials
- Amendments to some of the grammar explanations
- New grammar exercises
- Three additional consolidation chapters (*Zusätzliche Aufgaben*) giving further practice in the main skill areas
- Updated spellings in accordance with the new German spelling reforms (*Rechtschreibreform*).

Working with German offers students the means to communicate effectively and enjoyably on a day-to-day basis with German-speaking countries and provides them with a valuable asset in the business world.

Kapitel 1

Darf ich mich vorstellen?

Was haben Sie bis jetzt gemacht?

1 Helmut Zimmermann soll einen Vortrag über seine Arbeit in der Industrie halten. Um Herrn Zimmermann vorstellen zu können, muss der Veranstalter etwas über Herrn Zimmermanns bisherige Arbeit erfahren. Hier unten steht ein Teil ihres Dialoges.

Interviewer Herr Zimmermann, wo sind Sie geboren?
Zimmermann Ich bin in Hamburg geboren.
Interviewer Und wann sind Sie geboren?
Zimmermann 1945.
Interviewer Sie arbeiten bei einer Chemiefirma, nicht wahr?

1

Zimmermann	Ja, das stimmt.
Interviewer	Was für Qualifikationen haben Sie, wenn ich fragen darf?
Zimmermann	Auf der Schule habe ich vor vielen Jahren mein Abitur gemacht, dann bin ich zur Universität gegangen, um Chemie zu studieren.
Interviewer	Gefiel es Ihnen in München?
Zimmermann	München war damals und ist immer noch eine sehr schöne und lebhafte Stadt. Es hat sehr viel zu bieten.
Interviewer	Wie lange haben Sie studiert?
Zimmermann	Sechs Jahre ungefähr.
Interviewer	Was haben Sie danach gemacht?
Zimmermann	1970 habe ich bei einer Firma in Mannheim als Chemiker angefangen. Das war eine interessante Arbeit. Ich habe dort sehr viele Erfahrungen gesammelt und bin acht Jahre geblieben, dann wurde ich Leiter der Forschungsabteilung bei den Hagemann-Metallwerken. Ich arbeite immer noch da, nicht mehr als Chemiker, sondern als Geschäftsführer.
Interviewer	Was für Hobbys haben Sie, wenn Sie überhaupt mal Freizeit haben?
Zimmermann	Ja, ich schwimme sehr gern, aber am liebsten gehe ich mit meiner Frau ins Theater.
Interviewer	Haben Sie auch Kinder?
Zimmermann	Ja, zwei Söhne und zwei Töchter, aber sie sind schon erwachsen. Ich bin sogar schon Großvater. Letztes Jahr habe ich mein erstes Enkelkind bekommen.

2a Bereiten Sie ein paar Zeilen vor, die Herrn Zimmermann und seine Karriere beschreiben sollen. Lesen Sie dann vor, was Sie geschrieben haben.

oder

b Sie sind mit Herrn Zimmermann und dem Interviewer im Interviewzimmer. Erzählen Sie nachher einem Kollegen bzw. einer Kollegin einiges über Herrn Zimmermann.

3 Sie arbeiten im Moment in einem deutschsprachigen Land. Während der ersten paar Tage stellen Ihnen Ihre neuen Kollegen einige Fragen.

Beantworten Sie die folgenden Fragen.

(*a*) Haben Sie studiert?
(*b*) Wie lange haben Sie studiert?
(*c*) Wo haben Sie zuerst gearbeitet?
(*d*) Wie lange haben Sie dort gearbeitet?
(*e*) Was für Hobbys haben Sie?
(*f*) Haben Sie Kinder?

4 Hörverständnis

 (*a*) Sie gehen zu einem Vortrag. In seiner Einführung fasst der Moderator das berufliche Leben der Sprecherin zusammen. Was für Meilensteine hat Frau Schäfer hinter sich? Welche Qualitäten hält sie Ihrer Meinung nach für wichtig?

 (*b*) Während einer Diskussion im Radio über Arbeitsplatzabbau hören Sie eine Reportage über verschiedene Wege neue Arbeitsplätze zu schaffen.

Franchise: kann ich nur empfehlen

1 Wie hilft der Franchise-Geber dem Franchise-Nehmer?
2 Seit wann hat Henning Schröder einen Vertrag mit Family Frost?
3 Wie viele Franchise-Nehmer gibt es in Deutschland?

Job statt Arbeitsplatz: Freelance von Auftrag zu Auftrag

4 Warum will Alexander Löw keinen festen Arbeitsplatz?
5 Was für eine Arbeit macht er?
6 Was meinen Ökonomen zu dieser Arbeitsform?

Flexible Arbeitszeit: Bei BMW arbeitet mehr als die Hälfte der Mitarbeiter flexibel

7 Wann hat BMW mit flexibler Arbeitszeit angefangen?
8 An wie vielen Wochentagen laufen die Maschinen bei BMW?
9 Wie viele Tage arbeiten die Mitarbeiter?

5 Sie sind Mitglied einer Handelsdelegation, die ein deutschsprachiges Land besucht. Die Reise beginnt mit einem Empfang. Erzählen Sie einem anderen Teilnehmer (Partner/in) etwas über sich, zum Beispiel, wo Sie wohnen und arbeiten, etwas über Ihre Familie und was für Hobbys Sie haben.

6   Sie sind bei einem internationalen Unternehmen mit Hauptsitz in der
        Bundesrepublik beschäftigt. Das Informationsblatt, das alle paar Wochen
        erscheint, enthält oft einen kurzen Bericht über einige Mitarbeiter und
        Mitarbeiterinnen. Sie müssen einen Bericht über ein Personalmitglied in
        Großbritannien schreiben.

        Wählen Sie einen Kollegen oder eine Kollegin und beschaffen Sie sich von
        ihm/ihr alle nötigen Einzelheiten für Ihren Bericht, dann schreiben Sie ihn.

        Beispiel   Frau Mason arbeitet seit 1993 bei uns. Sie ist für den Lagerraum
                      verantwortlich. Sie ist direkt von der Schule zu uns gekommen.
                      In ihrer Freizeit segelt sie gern.

Wichtige Ausdrücke

- Darf ich Sie mit Herrn Schuhmacher bekannt machen?/Darf ich Ihnen Herrn
  Schuhmacher vorstellen?
- Guten Tag, Herr Schuhmacher. Es freut mich Sie kennen zu lernen.
- Ebenfalls/gleichfalls.

---

7   Sie nehmen an einer Konferenz teil. Beim Kaffeetrinken in der Pause
        stellen Sie sich einigen anderen Teilnehmern vor.

        Beispiel   Darf ich mich vorstellen?/Ich möchte mich vorstellen. Mein Name
                      ist Anna Berry. Ich bin technische Direktorin. Ich möchte Ihnen
                      auch meinen Kollegen John Richards vorstellen. Er ist unser
                      Hauptproduktionsingenieur.
        Stellen Sie sich selbst und Ihre/n Nachbarn/Nachbarin vor.

Grüß Gott!

Wichtige Ausdrücke

Morgens vor der Arbeit gibt man seinen Kollegen und Kolleginnen, besonders
den Vorgesetzten, oft die Hand.

Man gebraucht auch oft verschiedene Gruß- und Abschiedsformeln für
Freunde (oder Bekannte) und Vorgesetzte. **Informelle Formeln** sind zum
Beispiel: Mahlzeit, Morgen, Tag, Tschüs (auch formell in Norddeutschland),
Bis gleich, Schönen Feierabend. **Formelle Ausdrücke** sind: Guten Tag, Guten
Morgen, Auf Wiedersehen, Auf Wiederschauen (üblich in Süddeutschland und
Österreich), Guten Abend, Gute Nacht.

---

8   Erstellen Sie anhand der schon bekannten und auf der folgenden Seite
        Gruß- und Abschiedsformeln mit einem/einer Partner/in kurze Dialoge.

(*a*) Mit Ihrem/Ihrer Geschäftsführer/in
(*b*) Mit Ihrem/Ihrer Kollegen/Kollegin

Nützliche Ausdrücke

- Wie geht's?
- Guten Morgen alle zusammen
- So, ich gehe jetzt. Bis morgen.
- Bis bald
- Mahlzeit
- Ich gehe jetzt zu Tisch
- Guten Appetit!
- Schönen Feierabend
- Schönes Wochenende
- Grüß Gott

Was sind Sie von Beruf?

9 Das Personal einer kleineren Firma: Jagenberg Elektronik GmbH

Information

Der/die Geschäftsführer/in leitet die Gesellschaft.

Die Manager/Leiter/innen sind dem Geschäftsführer unterstellt. Sie sind verantwortlich für die Angestellten in ihrer eigenen Abteilung.

Die Ingenieure/Ingenieurinnen planen bzw. machen die technische Arbeit. Sie entwerfen zum Beispiel Maschinen oder sie überprüfen verschiedene Bestandteile.

Die Kontoristen/Kontoristinnen arbeiten im Büro und machen u.a. die Buchhaltung.

Der/die Lagerverwalter/in kontrolliert alles im Lagerhaus.

Die Facharbeiter/innen sind in der Fabrik beschäftigt.

Logistik: In dieser Abteilung plant man die Beförderung von Waren, zum Beispiel von der Firma an Kunden.

Sachbearbeiter/innen arbeiten in jeder Abteilung und sind für ein bestimmtes Sachgebiet zuständig.

Sekretärinnen sind auch in jeder Abteilung beschäftigt.

10 Sie unterhalten sich mit einem/einer deutschsprachigen Kollegen/Kollegin. Beschreiben Sie ihm/ihr die Personalstruktur Ihrer eigenen (oder einer anderen) Firma bzw. Abteilung.

11 **Hörverständnis**

 While attending a foreign language course, participants have to give a short talk on their work. Match each of the talks with one of the jobs listed below.

(*a*) Air steward/ess
(*b*) Long distance lorry driver
(*c*) Exporter
(*d*) Secretary
(*e*) Policeman/woman

12 Bereiten Sie einen kurzen Vortrag über Ihre eigene Arbeit vor und halten Sie ihn vor der Klasse.

Ich möchte mich bewerben

13 Sie finden folgende Stellenangebote in der Zeitung.

(*a*) Welche Altersgrenze hat die Anstellung bei den Siegwerken?
(*b*) Was für eine Firma sind die Siegwerke?
(*c*) Welche Stellen bei Lange und Kruse sind frei außer der in der EDV-Abteilung?
(*d*) Wie muss man sich für diese Stellung bewerben?

(e) Was für neue Mitarbeiter sucht Lambeck GmbH?

(f) Muß man für diese Stelle qualifiziert sein?

Stellenangebote

SALES-MANAGER/IN

Haben Sie eine kaufmännische Ausbildung? Sind Sie bis 30 Jahre jung, denken vetriebsorientiert und haben gegebenenfalls Erfahrung im Kleidungsbereich, dann schicken Sie Ihre vollständigen Bewerbungsunterlagen an die:

Siegwerke
Personalabteilung, Postfach 2392, D-47906 Kempen

Wir suchen zur Verstärkung unseres jungen Teams:

Eine(n) Mitarbeiter(in) für die EDV-Abteilung

der/die über Grundkenntnisse im Bereich Windows und Standardanwendungen verfügt und bereit ist, sich in vorhandene EDV-Systeme (CTM-itos) einzuarbeiten. Weiterhin bieten wir **2 Ausbildungsplätze zum Kaufmann im Groß- und Außenhandel.**
Ihre schriftliche Bewerbung richten Sie bitte an:

Lange und Kruse GmbH
Postfach 2355
30159 Hannover

Die Berufswelt von morgen

Wir suchen für den Verkauf unseres neuartigen

Multi-Media-Informationssystems

in der Nähe Ihres Wohnortes

3 Damen und Herren

Wir bieten Ihnen auf Grund steigender Nachfrage nach unseren Spitzenprodukten die Möglichkeit des Einstiegs in eine beratende Verkaufstätigkeit. Hohe Starteinkünfte, erstklassige Sozialleistungen eines Großunternehmens, qualifizierte Kunden- und Interessentenadressen, kostenlose Aus- und Weiterbildung. Auch berufsfremde Interessenten haben bei uns hervorragende Möglichkeiten. Wenn Sie **Sicherheit** und hohe **Wirtschaftlichkeit** von Ihrer zukünftigen Tätigkeit erwarten, sollten Sie mit uns Kontakt aufnehmen.
Ihren Anruf nehmen wir gerne entgegen: **Telefon (0 52 41) 86 38 51, Dienstag von 9 bis 17 Uhr, oder Kurzbewerbung per Fax (0 52 41) 86 38 18, z. Hd. Frau Wickert.** Wir rufen auch gerne zurück.

Lambeck GmbH

14 Rollenspiel

A Sie interessieren sich für eins der Stellenangebote. Rufen Sie die in Frage kommende Firma an und bitten Sie um ein Antragsformular und weitere Informationen, z.B. über Arbeitszeiten, Gehalt, Sprachkenntnisse. Fragen Sie auch, wann Sie das Formular zurückschicken müssen.

B Sie sind Personalchef/in. Beantworten Sie die Fragen des/der Bewerbers/Bewerberin und bestätigen Sie, dass Sie ihm/ihr alle nötigen Informationen und ein Antragsformular zusenden werden.

Wichtige Ausdrücke

Bis wann muss ich …
Ich habe Ihre Annonce mit großem Interesse gelesen.
gleitende Arbeitszeit
in den nächsten paar Tagen
mein/Ihr Lebenslauf
Ich möchte mich um die Stelle bewerben.
das Antragsformular ausfüllen

---

15 Sie haben Ihr Antragsformular zurückgeschickt und daraufhin folgende Einladung zu einem Vorstellungsgespräch am 16. Juni um 10.30 erhalten. Schreiben Sie eine kurze Antwort um zu bestätigen, dass Sie zum Vorstellungsgespräch kommen können.

Nützliche Ausdrücke

- Ich danke Ihnen für …
- Ich bestätige hiermit, dass …
- eine Einladung zum Vorstellungsgespräch annehmen

```
Sehr geehrte(r) Herr/Frau . . .

Betr.: Unser Stellenangebot

Wir danken Ihnen für oben genanntes Antragsformular
und laden Sie hiermit zum Vorstellungsgespräch ein,
und zwar am Montag, den 16. Juni, um 10.30. Bitte
bestätigen Sie diesen Termin.

Bitte melden Sie sich am Empfang und bringen Sie
alle Zeugnisse und entsprechenden Unterlagen mit.

Mit freundlichen Grüßen
```

16 Partnerarbeit

A Sie arbeiten in der Personalabteilung einer deutschen Firma und
sprechen mit einem/einer Bewerber/in. Stellen Sie ihm/ihr Fragen um
folgende Informationen zu bekommen: Name; Adresse; Geburtsort;
Alter; Geburtsdatum; Staatsangehörigkeit; Familienstand; jetziger
Beruf; jetziger Arbeitgeber; Prüfungen; Studium; Führerschein;
Fremdsprachenkenntnisse (sprechen, lesen, schreiben); mit Computern
umgehen können; Hobbys/Freizeitinteressen.

B Sie sind Bewerber/in bei einer deutschen Firma. Beantworten Sie die
Fragen des Sachbearbeiters/der Sachbearbeiterin in der Personalabteilung.

17 Hörverständnis

 Sie nehmen an einem Vorstellungsgespräch bei der Firma, wo Sie arbeiten,
teil. Machen Sie Notizen über den Bewerber: Adresse, Arbeit usw.

18 Ihr/e Kollege/Kollegin bereitet sich für ein Vorstellungsgespräch vor.
Diskutieren Sie mit ihm/ihr, was für Fragen er/sie erwarten kann und wie
er/sie diese beantworten soll.

Nützliche Ausdrücke

- Warum bewerben Sie sich um diese Stellung?
- Gehaltswünsche (*f*)
- Qualifikationen (*pl*)
- selbstständig arbeiten
- Erfahrung (*f*)
- Lebenslauf (*m*)
- Kleidung (*f*)
- pünktlich/zu spät kommen
- Zeugnisse/Referenzen (*pl*)
- mit Computern umgehen können
- mit einem Team zusammenarbeiten
- Verantwortungsbewusstsein (*n*)
- gleitende Arbeitszeit (*f*)

19 Sie gehen zu einem Vorstellungsgespräch und müssen die ganze Zeit
Deutsch sprechen. Unten stehen einige typische Fragen. Beantworten Sie sie.

(*a*) Erzählen Sie etwas über Ihre bisherige Arbeit.

(*b*) Warum haben Sie Ihre bisherige Stelle aufgegeben?

(*c*) Was müssen Sie in Ihrer gegenwärtigen Stellung machen?

(*d*) Arbeiten Sie gern im Team?

(*e*) Möchten Sie gern eine Beförderung?

(*f*) Was gefällt Ihnen an Ihrer Arbeit?

(*g*) Was für Gehaltsforderungen haben Sie?

(*h*) Haben Sie Zeugnisse und Unterlagen mitgebracht?

20   Hörverständnis

 Sie arbeiten für die Personalabteilung einer Firma in der Bundesrepublik. Ihre Chefin, Renate Lohmann, hat Ihnen ein Zeugnis für eine Kollegin, die Ihre Firma verlässt, auf Tonband diktiert. Hören Sie sich die Kassette an, und schreiben Sie den Text auf.

21   Im Profil auf der nächsten Seite sehen Sie, wie sich die Rolle des Managers in Europa allmählich verändert. Viele der alten sehr geschätzten Eigenschaften wie Fachwissen, gute Qualifikationen, die Fähigkeit, alles in Ordnung zu halten, scheinen nicht mehr so wichtig zu sein. Stattdessen werden Eigenschaften wie zum Beispiel Fremdsprachenkenntnisse, Kommunikationsfähigkeit, starke Motivierung und Flexibilität immer wichtiger.

Was ist Ihre Meinung dazu? Ist die Rolle des europäischen Managers von morgen wirklich anders geworden? Sind Sie mit dem Profil einverstanden, oder gibt es Ihrer Meinung nach andere Eigenschaften, die von einem erfolgreichen Manager verlangt werden sollten? Diskutieren Sie Ihre Meinung mit Ihrer Gruppe bzw. mit einem/einer Partner/in.

Nützliche Ausdrücke

Zustimmen:
- Ich bin völlig Ihrer Meinung.
- Das ist auch meine Überzeugung.

Widersprechen:
- Ich behaupte das Gegenteil.
- Im Gegenteil! Ich sehe die Sache so.

Nachfragen:
- Können Sie mal ein Beispiel geben?
- Darf ich mal unterbrechen?

Die eigene Meinung unterstreichen:
- Ich bin der Ansicht, dass …
- Ich bin der festen Überzeugung, dass …

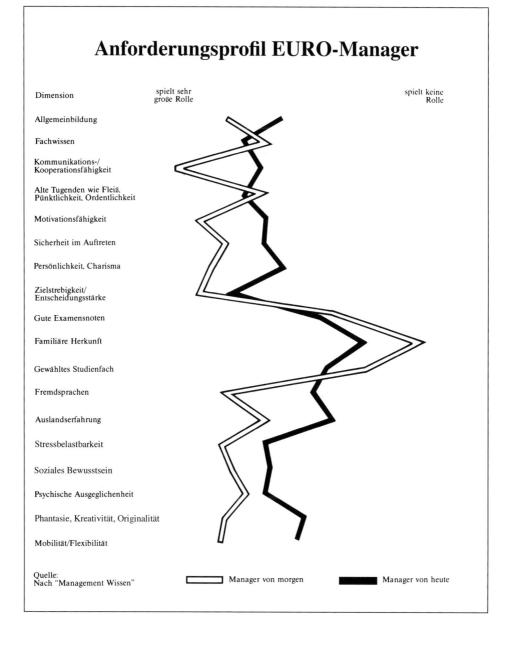

Anforderungsprofil EURO-Manager

Dimension | spielt sehr große Rolle | spielt keine Rolle

Allgemeinbildung

Fachwissen

Kommunikations-/ Kooperationsfähigkeit

Alte Tugenden wie Fleiß, Pünktlichkeit, Ordentlichkeit

Motivationsfähigkeit

Sicherheit im Auftreten

Persönlichkeit, Charisma

Zielstrebigkeit/ Entscheidungsstärke

Gute Examensnoten

Familiäre Herkunft

Gewähltes Studienfach

Fremdsprachen

Auslandserfahrung

Stressbelastbarkeit

Soziales Bewusstsein

Psychische Ausgeglichenheit

Phantasie, Kreativität, Originalität

Mobilität/Flexibilität

Quelle:
Nach "Management Wissen"   Manager von morgen   Manager von heute

22   Hörverständnis

 Sie sind mit Bekannten zusammen und diskutieren, warum Sie bestimmte
Stellen bekommen bzw. nicht bekommen haben. Hören Sie Ihren
Bekannten zu.

Summary of language forms

1   Use of perfect and imperfect tenses in conversation

In conversation the perfect tense is used to express completed actions.
   Ich habe mein Abitur gemacht.
   Ich habe bei einer Firma in Mannheim angefangen.
   Ich habe sehr viele Erfahrungen gesammelt.
The imperfect tense is used to express the state or condition of something
in the past, or to express recurrence in the past.
   Das war eine interessante Arbeit.
   München war damals eine sehr schöne Stadt.
   Er fuhr jedes Jahr zur Frankfurter Buchmesse.

2   Perfect tense of modal verbs

The past participles of modal verbs are as follows: *gemusst, gekonnt,
gewollt, gesollt, gemocht, gedurft.*
The past participles are only used when the modals are used without an
accompanying verb.
   Ich habe es *gemusst.*
   Das haben wir nicht *gekonnt.*
If there is another verb dependent on the modal, the modal verb appears
in the infinitive.
   Ich habe den Bericht nicht schreiben *können.*

3   *Aber* and *sondern*

Sondern should be used to express 'but' if the preceding idea is negative,
and the idea coming after 'but' offers a contrast.
   Ich arbeite immer noch da, nicht mehr als Chemiker *sondern* als
   Vorsitzender.
Note also:
   Ich lerne *nicht mehr* Französisch *sondern* Deutsch.
   Sie ist nicht *nur* Sekretärin *sondern auch* Übersetzerin.

4   Adjectival nouns

Nouns formed from adjectives begin with a capital letter. The endings are
treated as adjective endings. (See *Working with German Level 1*, chapters 4

and 8 for adjective endings.)

>Ich arbeite dort als Vorsitzend*er*.
>
>Der Vorsitzend*e* ist im Moment nicht im Büro.
>
>Dieser Film ist für Erwachsen*e*.

5 *Was für* ...

Although *für* takes the accusative, nouns following *was für* are not necessarily in the accusative. Their case is governed by the function of *was für* in the sentence.

>Was für ein Wagen ist das? (nominative)
>
>Was für einen Wagen haben Sie? (accusative)
>
>In was für einem Haus wohnen Sie? (dative after *in*)

Was für can also introduce a dependent clause.

>Ich weiß nicht, was für eine Firma das ist.
>
>Wissen Sie, in was für einer Firma Sie arbeiten möchten?

Additional exercises

1 Complete the following sentences with either *sondern* or *aber*.

   (*a*) Ich arbeite nicht bei der Firma Holz AG _____ bei Böhm.
   (*b*) Wir möchten kommen, _____ wir können nicht.
   (*c*) Meine Freundin arbeitet nicht mehr hier bei dieser Firma _____ bei einer Bank.
   (*d*) Ich bin hier nicht nur Fahrer _____ auch Lagerverwalter.
   (*e*) Meine Heimatstadt hat sehr viel zu bieten, _____ in München ist noch mehr los.
   (*f*) Mein Kollege spricht nicht nur Italienisch _____ auch Japanisch.
   (*g*) Meine Arbeit ist anstrengend, _____ auch interessant.
   (*h*) Mein Chef arbeitet manchmal nicht nur montags bis freitags _____ auch samstags.
   (*i*) Herr und Frau Vogel kommen nicht im Oktober zu Besuch _____ im November.
   (*j*) Wir fahren nicht nach England _____ in die Schweiz.

2 Put the following sentences into the perfect tense.

   (*a*) Ich fange um 8.00 Uhr an.
   (*b*) Um 10.00 Uhr sprechen wir mit dem Geschäftsführer.
   (*c*) Mein Mann arbeitet für die Firma Langenbach-Computer.
   (*d*) Um 12.30 Uhr gehen wir essen.
   (*e*) Das kann ich nicht.
   (*f*) Haben Sie frei?

(*g*) Warum kommen Sie nicht?
(*h*) Ich studiere in Hamburg.
(*i*) Es kommen wichtige Nachrichten.
(*j*) Fahren Sie mit dem Zug oder mit dem Wagen?

3 Rewrite the following sentences incorporating the modal verb in brackets.
Example: Wie lange haben Sie studiert? (müssen)
Wie lange haben Sie studieren müssen?

(*a*) Wie lange haben Sie dort gearbeitet? (müssen)
(*b*) Wann haben Sie dort angefangen? (können)
(*c*) Wie viel Erfahrung haben Sie gesammelt? (können)
(*d*) Ich habe einen Bericht geschrieben. (müssen)
(*e*) Wie viel hast du getrunken? (können)
(*f*) Haben Sie das verstanden? (können)
(*g*) Habt ihr mit dem Chef gesprochen? (dürfen)
(*h*) Ich habe das mit englischem Geld bezahlt. (dürfen)

4 Fill the gaps with the correct word endings.

(*a*) Die Vorsitzend_ der Gesellschaft ist Schweizerin.
(*b*) Ein Bekannt_ von mir arbeitet bei Saßhofer.
(*c*) Wir haben einen Bekannt_ in Berlin.
(*d*) Ich wohne zur Zeit bei Bekannt_.
(*e*) Diese Deutschklasse ist für Erwachsen_.
(*f*) Die Firma hat 120 Beschäftigt_.
(*g*) Wir fahren mit Bekannt_ in Urlaub.

5 Fill the gaps with the correct form of the indefinite article (*ein, eine* etc).

(*a*) Was für _____ Firma ist das?
(*b*) Wissen Sie, was für _____ Bericht ich schreibe?
(*c*) Bei was für _____ Firma arbeiten Sie?
(*d*) Was für _____ Rathaus hat diese Stadt?
(*e*) Was für _____ Buch lesen Sie?
(*f*) Was für _____ Computer hat Ihr Sohn gekauft?
(*g*) In was für _____ Büro arbeitest du?
(*h*) Was für _____ Wagen möchten Sie am liebsten fahren?
(*i*) In was für _____ Wohnung wohnt Familie Müller?
(*j*) Was für _____ Formular füllen Sie aus?

6 Put the following sentences into the imperfect tense.

(*a*) Ich muss viel arbeiten.
(*b*) Meine Tochter arbeitet in einem Lebensmittelgeschäft.
(*c*) Er sammelt viele Erfahrungen.
(*d*) Herr Fichtel kommt mit der neuen Kollegin ins Büro.

    (e)   Meine Schwester studiert in London.

    (f)   Regnet es?

    (g)   Der Bus fährt pünktlich ab.

    (h)   In der Pause gibt es Kaffee, Tee und Kekse.

Kapitel 2

Sich informieren

Von zu Hause

1 John Sandford, ein englischer Geschäftsmann, versucht, Geschäftsverbindungen mit Firmen in der Bundesrepublik anzuknüpfen, da er sich dort in absehbarer Zeit niederlassen will. Er hat verschiedene Organisationen einschließlich der Industrie- und Handelskammer, der Volkshochschule und des Verkehrsamts angeschrieben mit der Bitte um Informationen über geschäftliche und kommerzielle Möglichkeiten sowie über berufliche Kurse und Lehrgänge und Freizeitgestaltung.

Sein Brief an die Industrie- und Handelskammer steht unten. Was sind seine Hauptfragen?

Betr.: Niederlassung in der Bundesrepublik

Sehr geehrte Damen und Herren,

wir haben die Absicht, uns in absehbarer Zeit in der Bundesrepublik niederzulassen. Wir wären Ihnen sehr dankbar, wenn Sie uns ein Exemplar Ihres Handbuchs zuschicken würden. Ich bin Mitglied der 'Chamber of Commerce' hier in Großbritannien, und ich interessiere mich besonders für Folgendes:

- die Einwohnerzahl Ihrer Gemeinde
- die Anzahl der Beschäftigten und Arbeitslosen
- die verschiedenen Industriebranchen in Ihrer Gegend
- einiges über Ihre Industrie- und Handelskammer und ihre Ziele.

Ich danke Ihnen im Voraus und verbleibe

mit freundlichen Grüßen

J Sandford

---

2 When John Sandford is on business in Germany, he calls at the *Volkshochschule* to find out the types of courses that are available. He plans to send some of his employees on courses and is particularly interested in the ones detailed on the next page. Summarise them in English, giving details of course content, qualifications and experience necessary for admission to the courses, costs and dates.

ICC-Certificate in English for Business Purposes

Voraussetzung für die Teilnahme sind Kenntnisse, die mindestens 5 Jahren Schulenglisch (Realschulab-schluss) entsprechen und die aktiv präsent sein müssen. Sind Ihre Englischkenntnisse seit längerer Zeit in-aktiv, so empfiehlt sich vorher die Teilnahme an dem speziell dafür vorgesehenen Grammatik-Vorkurs. Ein besonderes Gewicht wird im Lehrgang gelegt auf die Schulung der kommunikativen Fertigkeiten, die Sie in den vielfältigen Situationen des praktischen Geschäftsalltags benötigen, wie zum Beispiel bei Kontakt-anknüpfungen, Gesprächsführung, Geschäftsbesuchen, Telefonaten. Der Lehrgang ist auf zwei Seme-ster angelegt, danach können Sie das Certificate in English for Business Purposes der International Certi-ficate Conference (ICC) erwerben, eines Zusammenschlusses von vierzehn europäischen Ländern, die diese Prüfung einheitlich konzipiert haben. Dieses Zertifikat ist ein wertvoller Qualifikationsnachweis in Industrie und Handel.

Dienstags, 18.30 bis 21.45 Uhr, 9. Jan. bis November; VHS-Haus 1, Obere Karspüle 36; 136 Ustdn.
Gebühr: DM 612,00 . Kursnummer 72.95 J ●

Word für Windows – WinWORD 6.0   Einführungskurse

Umfang: 40 Ustdn.; Gebühr: DM 220,00; Unterrichtsort: VHS-Theodor-Heuss-Straße 21
Zugangsvoraussetzung: Windows-Vorkenntnisse; für Einsteiger ohne PC-Erfahrung wird der Besuch eines »Kurzseminars EDV-Einführung« (siehe Seite 31) vorausgesetzt.
Inhalte: Erstellen, Korrigieren, Gestalten von Texten, Tabellen, Textbausteine, Serienbriefe, Fußnoten, Gra-phikeinbindung.
Interessenten an einer Verbandsprüfung seien auf den Prüfungsvorbereitungskurs (s. linke Spalte, Kurs 63.30) verwiesen!

Abendkurse (zum Teil auch während der Ferien)

Kurs 63.26	Stephan Tietze dienstags und donnerstags, 19.00 bis 22.00 Uhr	Raum C2 13. Febr. bis 14. März 1996
Kurs 63.27	Oliver Jochims montags und mittwochs, 19.00 bis 22.00 Uhr	Raum C2 25. März bis 29. April 1996
Kurs 63.28	Lutz Pohle montags und mittwochs, 17.00 bis 19.00 Uhr	Raum C2 15. April bis 10. Juni 1996
Kurs 63.29	Dr. Manfred Herrmann dienstags und donnerstags, 19.00 bis 22.00 Uhr	Raum C2 7. Mai bis 11. Juni 1996
Kurs 63.25	Michael Reckmann montags und mittwochs, 19.00 bis 22.00 Uhr	Raum C2 9. Sept. bis 9. Okt. 1996

3   Hörverständnis

 You are visiting business contacts in Bremen. While you are there, you go to the tourist office and listen to a report on Bremen and the surrounding area.

(*a*) What is the attraction of Bremen and Bremerhaven for new companies wanting to establish themselves there?

(*b*) Name four consumer items which are produced in Bremen.

(*c*) Where, according to the report, can you enjoy a coffee?

(*d*) Name three types of market you might find there.

(*e*) Describe the local scenery.

(*f*) Which outdoor activities are possible in the surrounding countryside?

Wichtige Ausdrücke

Wenn man schriftlich um eine Auskunft bittet:
Ich wäre Ihnen sehr dankbar, wenn Sie mir Informationen/Auskünfte über die
Stadt selbst/die Umgebung/Hotels und Unterkunft/öffentliche Verkehrsmittel
… zuschicken würden.
Ich interessiere mich besonders für …
Für Ihre Hilfe/Ihr Entgegenkommen danke ich Ihnen im Voraus.

---

4 Sie müssen geschäftlich in die Schweiz fahren und möchten danach dort
einige Tage Urlaub verbringen. Wählen Sie eine für Sie interessante
Gegend aus und schreiben Sie an das Verkehrsamt mit der Bitte um Info-
Broschüren. Schreiben Sie, wofür Sie sich besonders interessieren, z.B. alte
Gebäude, schöne Landschaften, kulturelles Angebot.

An Ort und Stelle

5 Im Verkehrsamt

 John Sandford ist jetzt in Deutschland zu Besuch. Er will zum Verkehrsamt
und zur Bibliothek und hat später einen Termin beim Bürgermeister.

Sandford Können Sie mir bitte sagen, wie ich zur Stadtbibliothek komme?
Beamtin Überqueren Sie diese Straße, dann kommen Sie in die
Steinstraße. Nehmen Sie dann die zweite Straße links, die
Holzstraße. Die Bibliothek befindet sich neben der Sparkasse.

6 In der Bibliothek

 Nachdem er Verschiedenes im Handelsverzeichnis nachgeschlagen hat,
fragt John Sandford nach dem Weg zum Rathaus.

Sandford Wie komme ich am besten zum Rathaus?
Beamtin Von der Bibliothek gehen Sie nach rechts und unter der
Eisenbahnbrücke hindurch. Dann gehen Sie geradeaus bis zum
Graf-Adolf-Platz. Das Rathaus liegt zwischen dem Theater und
der Kunstgalerie.

7 Im Rathaus

 John Sandford ist gerade im Rathaus angekommen und spricht mit der
Empfangsdame.

Sandford   Guten Tag, ich möchte Herrn Probst sprechen.
Empfangsdame Sind Sie schon angemeldet?
Sandford   Ja, für 11.30 Uhr.
Empfangsdame Tragen Sie sich im Gästebuch ein. Ich sage Herrn Probst
Bescheid.
(*Sie ruft Herrn Probst, den Bürgermeister, an.*)
… OK Herr Probst. Ich werde ihn dann hochschicken.
Herr Probst erwartet Sie. Sein Büro ist im ersten Stock.
Sie können entweder die Treppe hochgehen oder den
Lift nehmen. Wenn Sie nach oben kommen, gehen Sie
nach links. Warten Sie dann an der Doppeltür, bis
jemand kommt.

8 Sie nehmen an einer Konferenz in Ihrer Stadt teil. Ein/e deutschsprachige/r
Teilnehmer/in möchte etwas über Stadt und Umgebung wissen. Arbeiten
Sie mit einem/einer Partner/in zusammen, und verwenden Sie die
richtigen Präpositionen.

Beispiel • Was für Sehenswürdigkeiten gibt es hier?
            ▪ Der Dom ist sehr interessant.
            • Wie kommt man dorthin?
            ▪ Er ist in der Steinstraße auf der linken Seite.

Nützliche Ausdrücke

- Ich interessiere mich für …
- Ich möchte gern … sehen.
- Das müssen Sie unbedingt besichtigen.
- Ich kann Ihnen … gut empfehlen.
- Das ist besonders sehenswert.
- in der Stadtmitte/im Stadtzentrum/am Stadtrand

9 Hörverständnis

 Sie sind im Verkehrsamt und hören einige Gespräche zwischen Touristen und der Beamtin. Hören Sie sich die Kassette an und finden Sie für jeden Buchstaben auf dem Plan ein Ziel. Vorsicht – die Beamtin hat einen Fehler gemacht. *Ein* Tourist findet den Weg wahrscheinlich nicht.

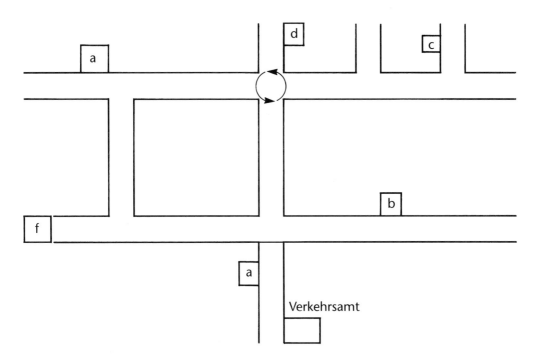

In Zeitungen und im Radio

10 Kleinanzeigen

Versandanzeigen

Trockene Spitzenweine direkt vom Weingut Heinrich Lohmann, 56 862 Pünderich. Bitte fordern Sie mein Angebot E53 an.

Fettarme Leberwurst, fein od. grob, chemiefrei, Kilopreis DM 40, – fr. Haus. Möllermann 64 331 Weiterstadt Tel. 061 50/46 72.

Stellenangebote

Arbeiter ges. für Weinlese. Mindestalt. 18 J. ab sof. b. Mitte Sept. Tel. Schmidt 02 11/6 80 21 30.

Mitarbeiter gesucht f. Versandhaus bis Weihnacht, evtl. auch feste St. Tel. Braun GmbH 0 52 52/5 03 91.

Land

z. verk. 40 Hektar auf Industriegelände mit Genehmigung f. 1 bzw. 2 Fabriken. Tel. Immobilien Klein 0 69/88 39 67.

z. verk. 2 Hektar Land Außenbezirke F'furt mit prov. Genehmigung f. 6 Häuser. Weitere Info v. Immobilien Meyer Tel. 0 25 86/83 92.

11 **Suchen Sie eine passende Anzeige aus Übung 10.**

   (*a*) Ein/e Bekannte/r ist Student/in und sucht eine Arbeit für die Sommerferien.

   (*b*) Jemand sucht Bauland um eventuell eine Fabrik zu bauen.

   (*c*) Sie möchten einem Bekannten etwas Wein schicken.

12 Suchen Sie eins der Inserate aus Übung 10 aus und erzählen Sie einem/einer Partner/in auf Deutsch, was gewünscht wird.

13 Für die Eröffnung eines neuen Gebäudes der Firma in München, wo Sie arbeiten, hoffen alle auf schönes Wetter. Am Tag vorher lesen Sie den Wetterbericht in der Zeitung. Was für Wetter wird in den nächsten paar Tagen erwartet?

Unbeständig

Wetterlage: Ein umfangreiches Tiefdruckgebiet über Mitteleuropa bestimmt das Wetter im größten Teil Deutschlands mit wolkenreichen Luftmassen.

Vorhersage: Vielfach stark bewölkt, am Nachmittag örtlich auch heiter. Im Tagesverlauf einzelne Schauer oder Gewitter. Höchsttemperaturen um 13, im Bergland bei 10 Grad. Tiefstwerte in der kommenden Nacht um 5 Grad. Schwacher bis mäßiger Wind um Nordwest.

Aussichten: Teils bewölkt, teils auch aufgeheitert und einzelne Schauer oder Gewitter. Wenig geänderte Temperaturen.

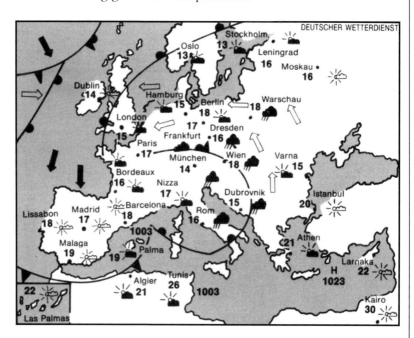

Temperaturen: **Deutschland:** Helgoland: 10, List/Sylt: 12, Hamburg: 12, Hannover:
13.00 Uhr MEZ 13, Berlin: 16, Braunlage: 10, Köln: 10, Bendorf/Rhein: 8, Mainz: 11, Feldberg/Taunus: 4, Frankfurt/Main: 12, Trier: 6, Stuttgart: 9, Freiburg: 12, Feldberg/Schwarzwald: 1, München: 13, Konstanz: 12, Zugspitze: –6, **Ausland:** Zürich: 10, Wien: 13, Helsinki: 17, London: 12, Amsterdam: 8, Paris: 9, Nizza: 13, Belgrad: 18, Moskau: 15, Rom: 11, Athen: 19, Istanbul: 17, Madrid: 13, Mallorca: 13, Las Palmas: 20, Algier: 17, Tokio: 14, New York: 9.

Wasserstände: Vom 20. April 2000 (nachmittags). Rhein: Rheinfelden 224 (–6), Maxau 440 (–7), Mannheim 260 (–3), Mainz 273 (+7), Bingen 156, Kaub 186 (–1), Koblenz 206 (+11), Andernach 248 (+16), Köln 266 (–1), Ruhrort 354 (+4). –Mosel: Trier 270 (–11), Cochem 249 (+16). –Saar: Saarbrücken 240 (–1). – Lahn: Kalkofen 211 (–3). – Main: Steinbach 151 (+7). – Neckar: Plochingen 152 (–3).

14   Hörverständnis

 (*a*)   While working in Germany you are considering taking leave in order to visit the surrounding area. Does the local radio report influence your decision?

(*b*)   What are the main features of the weather report for northern and southern Germany?

15   Ein/e deutschsprachige/r Kollege/Kollegin ist bei Ihnen zu Besuch und möchte drei bis vier Tage bleiben. Erzählen Sie ihm/ihr, was für Wetter in Radio und Zeitung für die nächsten Tage angekündigt wird.

Summary of language forms

1   Prepositions taking the accusative and dative

The prepositions shown below are followed by the accusative if they indicate movement in relation to the following noun or pronoun. They are followed by the dative when there is no change of position in relation to the following noun or pronoun.

> *an, auf, hinter, in, neben, über, unter, vor, zwischen*

Gehen Sie links in *die* Steinstraße.
Der Dom liegt in *der* Steinstraße.
Legen Sie Ihre Sachen auf *den* Tisch.
Die Firma liegt auf *der* linken Seite.

Note Prepositions taking the accusative answer the question *wohin?* Those taking the dative answer the question *wo?*

2   Conjunctions that affect word order

After the following conjunctions the main verb goes to the end of the clause.

> *als, bevor, bis, da, damit, dass, indem, nachdem, ob, obgleich, seitdem, sodass, während, weil, wenn, wie*

Sie müssen einen Wagen reservieren, *bevor* Sie *kommen.*
Ich komme erst nächste Woche, *weil* ich sehr viel zu tun *habe.*

Note that *als, wenn* and *wann* all mean 'when'. *Als* is used with the imperfect, perfect and pluperfect tenses; *wenn* is used with the present and future tenses; *wann* is used with questions (direct and indirect).

> Ich musste Deutsch sprechen, *als* ich in der Schweiz *war.*
> Rufen Sie uns an, *wenn* Sie am Flughafen *sind.*
> *Fragen* Sie Herrn Klein, *wann* er zu Besuch kommen möchte.

Wenn has the meanings of 'whenever' and 'if' with all tenses.

3 Conjunctions that do not affect word order

The conjunctions *und, aber, oder, sondern* and *denn* do not affect the position of the verb.

Ich schwimme sehr gern, *aber* am liebsten *gehe* ich ins Theater.
Ich bin Mitglied der 'Chamber of Commerce' *und* ich *interessiere* mich besonders für folgendes.
Ich danke Ihnen im voraus *und freue* mich auf Ihre Antwort.

4 Punctuation with *aber*

Where there is specific mention of the subject in a clause introduced by *aber*, the clause should be preceded by a comma.

Die Bank ist geschlossen, aber die Post ist geöffnet.

Where a subject is not specifically mentioned (but is understood), a comma is not required. In the example below, *die Bank* is understood before the verb following *aber*.

Die Bank ist geschlossen aber öffnet heute Nachmittag wieder.

Additional exercises

1 Complete the following sentences with the correct form of the definite or indefinite article, or the contracted form of the article and preposition or a possessive adjective.

(*a*) Unsere Bank liegt neben d__ Supermarkt.
(*b*) Der Bericht liegt auf Ihr__ Schreibtisch.
(*c*) Legen Sie bitte die Post auf m__ Tisch.
(*d*) Das Flugzeug fliegt jetzt über d__ Hauptstadt.
(*e*) Mein Betrieb liegt zwischen ein__ Druckerei und ein__ Parkplatz.
(*f*) Setzen Sie sich an d__ Fenster.
(*g*) Der Supermarkt liegt hinter d__ Büro.
(*h*) Vor unser__ Haupteingang steht ein Schild.
(*i*) Für diese Information müssen Sie in d__ Handelsverzeichnis nachschlagen.
(*j*) Können Sie bitte bis in d__ Stadtmitte fahren?
(*k*) Wir wohnen in d__ Steinstraße.
(*l*) Steigen Sie in d__ Auto.
(*m*) Die Bücher liegen auf dein__ Schreibtisch.
(*n*) Sie finden unser Büro neben d__ Bibliothek.
(*o*) Stellen Sie Ihren Stuhl neben mein__ Schreibtisch.
(*p*) Das Flugzeug fliegt über d__ Berge.
(*q*) Wir gehen in d__ Restaurant.
(*r*) Sie müssen die Nummer in ___ Telefonverzeichnis suchen.
(*s*) Hinter d__ Bahnhof ist ein Parkplatz.

(*t*) Unsere Firma liegt zwischen d__ Rathaus und d__ Kunstgalerie.

(*u*) Herrn Römers Zimmer ist in d__ zweiten Stock.

(*v*) Möchten Sie an d__ Fenster oder neben d__ Tür sitzen?

2 Connect the pairs of sentences with a word from the following list:

wie, damit, da, sodass, bevor, weil, als, bis, wenn, ob

Example: Ich fahre nach Berlin. Ich habe dort Freunde.
Ich fahre nach Berlin, weil ich dort Freunde habe.

(*a*) Ich ziehe nach Deutschland. Ich will mich dort niederlassen.

(*b*) Ich habe viele Firmen angeschrieben. Ich habe jetzt mehrere Geschäftsverbindungen.

(*c*) Ich schicke Ihnen einen Stadtplan. Sie können den Weg dann gut finden.

(*d*) Ich frage mal nach. Wie kommen wir zum Sekretariat?

(*e*) Man muß sich anmelden. Dann kann man teilnehmen.

(*f*) Du musst einen Umschlag schreiben. Dann kannst du den Brief abschicken.

(*g*) Mein Chef spricht sehr wenig Deutsch. Er hat keine Zeit es zu lernen.

(*h*) Ich lerne Französisch. Der Kurs ist im Juni zu Ende.

(*i*) Mein Kollege hat viel zu erledigen. Er kann dann essen gehen.

(*j*) Ich war Mitglied der Handelskammer. Ich wohnte in Berlin.

3 Complete the gaps in the following sentences with a suitable word.

(*a*) Sie können zur Volkshochschule gehen, _____ Sie möchten.

(*b*) Ich muß die richtige Adresse finden, _____ ich diesen Brief schreibe.

(*c*) Wissen Sie, _____ man an der Volkshochschule eine Englischprüfung machen kann?

(*d*) Ich freue mich, _____ ich morgen in die Schweiz fahre.

(*e*) Ich weiß nicht, _____ Sie zum Rathaus kommen.

(*f*) Ich hoffe, _____ wir im Urlaub schönes Wetter haben.

4 Translate these sentences into German:

(*a*) Please tell me how I get to your office.

(*b*) Do you know whether the boss is coming back on Wednesday or Thursday.

(*c*) I can't go out this evening because I have to work late. (Use (i) *denn* (ii) *weil*)

(*d*) Normally we work Monday to Friday but sometimes we have to work on Saturdays.

(*e*) I am flying to Austria tomorrow if I can get a seat on the plane.

(*f*) I can't say exactly when the computer courses begin, but I can phone you next week with the details.

(*g*) Please write these two letters before you go home.

(*h*) Write to me with details of your company, or you can phone me instead.

(*i*)   I am going for an interview at Lambeck. I hope that I get the job.

(*j*)   My colleagues are waiting until I arrive at midday.

Kapitel 3

Anfragen und Angebote

Ich habe eine Anfrage

1 Eine Kundin bespricht mit ihrem Lieferanten eine Lieferung von Rollläden.

Lieferant Wolf, guten Tag.
Kundin Guten Tag, ich beziehe mich auf Ihre Anzeige in der Zeitung und habe eine Frage.

Lieferant	Bitte schön. Worum geht es?
Kundin	Unsere Büros werden zur Zeit neu ausgestattet, und wir brauchen für die Fenster neue Rollläden.
Lieferant	Geben Sie mir eben die Abmessungen der Fenster.
Kundin	Ja, einmal Breite 1,82 m mal Höhe 1,37 m. Und 1,63 m breit mal 1,17 m hoch.
Lieferant	Wie viele brauchen Sie?
Kundin	Je 14 Stück.
Lieferant	Und aus welchem Material, Aluminium oder Holz?
Kundin	Alles aus Aluminium.
Lieferant	Bis wann brauchen Sie die Rollläden?
Kundin	Innerhalb von sechs Wochen, wenn's geht.
Lieferant	Ja, das schaffen wir.
Kundin	Und die Kosten?
Lieferant	Ich kann Ihnen im Moment nur einen Kostenvoranschlag machen. Ich muss alles zuerst abmessen und dann einen festen Preis ausrechnen. Moment, ich gebe Ihnen einen Stückpreis und einen Gesamtpreis. Das sind aber unverbindliche Preise.
Kundin	Können Sie morgen vorbeikommen?
Lieferant	Ja, dann schicken wir Ihnen in den nächsten paar Tagen unser festes Angebot zu. Das wird von unserem Sachbearbeiter sofort gemacht.

Ausführung der Brandschutztüren in T-30 und T-90

seis + wölbert
Schlosserei
Metallbau
Fenster
Türen
Rolladen

Seis u. Wölbert GmbH . Schlosserei und Metallbau
Am Eichelgärtchen 12 . Industriegebiet . 56283 Halsenbach
Fernruf 067 47/7595

2 You have to order some blinds on behalf of the company that you are working for in Germany

Lieferantin	Guten Tag. Kann ich Ihnen helfen?
Sie	(Say yes. Your offices are being refurbished and you need new roller shutters.)
Lieferantin	Haben Sie die genauen Abmessungen?
Sie	(1.6 m wide by 1.35 m, and 1.85 m wide by 1.28 m.)
Lieferantin	Wie viele brauchen Sie?
Sie	(Say you need ten of each size.)
Lieferantin	Welche Farbe?
Sie	(Say you would like everything in grey.)
Lieferantin	In Ordnung.
Sie	(Say the blinds are needed as soon as possible.)
Lieferantin	Wir können innerhalb von drei Wochen liefern. Geht das?
Sie	(Say yes, that is fine. Ask for a price per blind.)
Lieferantin	Moment mal. Das muss ich noch ausrechnen.

3 The written quotation sent in response to the enquiry in exercise 1 is
shown below. In order to help a new colleague who does not understand
it, you should translate it into English.

```
PREISANGEBOT
Sehr geehrte Damen und Herren,
wir danken Ihnen für Ihre Anfrage und bieten Ihnen wie folgt an:
Gegenstand    Anzahl    Abmessungen    Stückpreis      Gesamtpreis
Rolladen        14      1,82 × 1,37    DM 901,84       DM 12 625,76
Rolladen        14      1,63 × 1,17    DM 885,50       DM 12 397,00
Liefertermin: Ende Oktober
Preise und Lieferung: Unsere Preise verstehen sich frei Ihrer
Fabrik inklusive Verpackung, Versicherung, Montage und
Mehrwertsteuer und gelten bis zum Ende dieses Jahres.
Zahlung: 30 Tage nach Rechnungserhalt auf unser Bankkonto.
Ansonsten gelten unsere Verkaufsbedingungen.
Wir hoffen auf eine weitere gute Zusammenarbeit und verbleiben
Mit freundlichen Grüßen
```

Wichtige Ausdrücke

Preise
günstigst
Ihre besten
inklusive Kosten, Versicherung,
  Fracht
Preise verstehen sich:
  frei an Bord
  frei Ihrem Werk
  ab Werk/Schiff/Kai
  frachtfrei Dover
  frei/franko Waggon
  frei Längsseite Seeschiff

Lieferung
verpackt und verzollt
Lieferkosten gehen zu Ihren Lasten
Lieferkosten stellen wir Ihnen in
  Rechnung
nach Vereinbarung
nach Wahl

Liefertermin
so bald wie möglich
schnellstens
dringend
innerhalb von zwei Monaten

Zahlung
gegen Akkreditiv
gegen Rechnung
30 Tage netto Kasse
innerhalb von 60 Tagen
bei Erhalt der Ware

4   Rollenspiel

A Die Firma, wo Sie arbeiten, hat vor an einer Messe teilzunehmen. Sie selbst müssen ein geeignetes Display-system suchen. Sie haben die *Easy xl* Broschüre gelesen und rufen den Hersteller an, um weitere Informationen zu bekommen.

B Sie arbeiten in der Verkaufsabteilung eines Display-System-Herstellers. Sie bekommen einen Anruf von einem Kunden. Fragen Sie nach den gewünschten Abmessungen und Verwendungszwecken und geben Sie nähere Informationen über Liefer- und Zahlungsbedingungen.

Nützliche Ausdrücke

- das Display-System
- die Panele
- die Seitenpanele
- Die Panele kann man miteinander verbinden.
- 24 verschiedene Farben
- Ich interessiere mich für …
- Das ist ein sehr praktisches System.
- Welche Größe möchten Sie?
- Tischplatten usw. kosten extra.

easyxl
Die "rahmenlose"
Displaywand EASY XL – die besonders leichte und elegante Faltwand, die das Aufstellen Ihrer Präsentationen noch einfacher macht.
Hochwertige Velourbeschichtung
Die exklusive, beidseitige Velourbeschichtung (24 Standardfarben) sieht nicht nur gut aus. Sie ist für die Verwendung von Velcro-Klettband geeignet, mit dem Sie Graphiken, Fotos und sogar Produktemuster problemlos an jede Stelle der Displaywand anbringen können.
Formate der einzelnen Panele
700 × 1000 mm Hochformat
600 × 900 mm Hochformat

Reichhaltiges Zubehör
Besondere Möglichkeiten eröffnen die neuen, gekrümmten – und flach transportablen – Seitenpanele um das Erscheinungsbild abzurunden oder mehrere Displays miteinander zu verbinden.

Verschiedene Größen, praktische Tragtaschen und reichhaltiges Zubehör aus dem Nimlok Programm – Tablare, Blenden, Tischplatten und Beleuchtung – machen EASY XL zu einem besonders zeitgemäßen Universaldisplay.

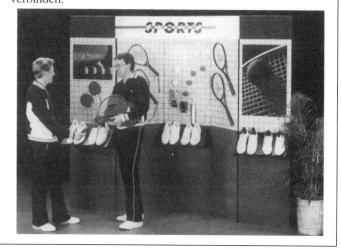

Bekommen wir eine Ermäßigung?

5 Ein neues Hotel wird gebaut und für die Ausstattung müssen Minibar-
Kühlschränke bestellt werden.

Kunde   Können Sie mir ein Angebot für Minibar-Kühlschränke machen,
             und zwar für Ihr Modell Nr. 647?
Lieferant Ja, die kleineren also.
Kunde   Die sind für das neue Hotel im Stadtzentrum. Was kosten die
             bitte?
Lieferant DM420 das Stück.
Kunde   Bekommen wir eine Ermäßigung für größere Mengen?
Lieferant Für Aufträge bis 100 Stück bekommen Sie 7% Rabatt. Wieviel
             brauchen Sie denn?
Kunde   Mindestens 100 Stück.
Lieferant Dafür bekommen sie 7%. Der Gesamtpreis wäre – Moment, ich
             muß das eben ausrechnen – DM420 mal 100 macht DM42 000,
             93% davon DM39 060, inklusive Mehrwertsteuer.
Kunde   Können Sie das schriftlich bestätigen?
Lieferant Ja gerne, geben Sie mir bitte Ihre Adresse.

6 Schicken Sie an eine Kundin ein Angebot über 100 Minibar-Kühlschränke.
Geben Sie außerdem Ihre Liefer- und Zahlungsbedingungen.

7 Below are some expressions indicating reductions and bargains. Find the
relevant English expression (*a–k*).

(*a*) Discount for cash
(*b*) Good service at very reasonable prices
(*c*) Terrific value
(*d*) Price reduction
(*e*) Now up to 5% reduction for immediate payment
(*f*) Up to 50% reduction
(*g*) Closing down sale

Jetzt bis zu 5% reduziert bei sofortiger Zahlung

Guter Service bei sehr günstigen Preisen

Preisermäßigung gültig bis zum 10. Januar

Preissenkung

Großer Räumungsverkauf

Bis zu 50% reduziert

Stark herabgesetzte Preise im Sonderverkauf

Enorm preiswert

Skonto bei Barzahlung

Totalausverkauf

Qualität zu Super-Preisen

(*h*)   Price reductions apply until 10 January
(*i*)   Prices slashed in special sale
(*j*)   Quality at exceptional prices
(*k*)   Great clearance sale

8   Schreiben Sie jetzt folgende Angebote auf Deutsch.

(*a*)   We can offer you a reduction of 2%.
(*b*)   Our prices are reduced by up to 20%.
(*c*)   We can quote you 3.5% discount if you pay immediately.
(*d*)   Our prices are reduced until 30 September.
(*e*)   Our goods are all reduced in price.

9   Hörverständnis

 While in a German department store with an English-speaking colleague, you hear various messages over the tannoy. Tell your colleagues what the announcements say.

10   Rollenspiel

A   Sie sind an der Vorbereitung einer internationalen Konferenz in Frankfurt beteiligt und rufen das Hotel „Französischer Hof" an um nach Konferenzräumen und Preisen zu fragen. Teilen Sie lhrem/Ihrer Gesprächspartner/in Einzelheiten mit (z.B. Datum, Anzahl der Teilnehmer, Staatsangehörigkeit der Teilnehmer, Getränkewünsche, Geräte, die Sie brauchen), und fragen Sie, ob eine Ermäßigung für eine bestimmte Anzahl von Gästen zu erwarten ist.

B   Beantworten Sie die Fragen des/der Ausstellungsveranstalter/in. Wenn er/sie mit Ihrem Preisangebot nicht zufrieden ist, könnten Sie eventuell einen neuen Preis vereinbaren.

Nützliche Ausdrücke

- Die Ausstellung soll im Mai stattfinden.
- Wir erwarten 120 Gäste.
- der Vortragssaal
- der Diaprojektor
- Außerdem werden wir … brauchen.
- das Mikrofon
- der Overheadprojektor
- das Photokopiergerät
- Das muß ich mir nochmal überlegen.
- Ich sage Ihnen morgen Bescheid.
- der Videorekorder
- der Laptop (-Computer)
- der Drucker

Flächen- und Raummaße

Wichtige Ausdrücke

Millimeter   Gramm   ein Viertelliter
Centimeter   Kilogramm
Meter   Tonne   ein halber Liter
Quadratmeter
Kubikmeter   anderthalb Liter
Hektar
                                         zweieinhalb Liter

Der Container hat einen Inhalt
von 250 Kubikmetern.

Information

Wie wird das richtig geschrieben?
vierhundert   400
dreitausend   3000
16 Millionen   16 Mio.
30 Milliarden   30 Mrd.
90 Quadratmeter   90 m^2
450 Kubikmeter   450 m^3
150 Hektar   150 ha.
300 Kilogramm   300 kg
Zahlen mit vier Ziffern werden wie folgt geschrieben: 1189.
Zahlen mit mehr als vier Ziffern werden normalerweise so geschrieben: 25 000.

11   Hörverständnis

 Hören Sie sich die Kassette an und schreiben Sie die Antworten auf.

(*a*) Wie hoch ist die Anzahl Ihrer Beschäftigten?
(*b*) Wie viel Einwohner hat dieses Dorf?
(*c*) Wie viel Gewinn hat die Firma erzielt?
(*d*) Wie groß ist dieses Grundstück?
(*e*) Was wiegt diese Maschine?
(*f*) Wie viel Benzin haben Sie getankt?
(*g*) Der Container hat einen Inhalt von … ?

(*h*) Wie groß ist dieser Karton?
(*i*)   Ist das Büro sehr klein?

Summary of language forms

1 Present passive

The active is the form of the verb used when the subject carries out the action, as in the following sentence: They are discussing the matter.
> Sie diskutieren es.
> Der Sachbearbeiter macht das.

The passive is the form of the verb used when the subject is affected by the action, as in the following sentence: It is being discussed by them.
> Es wird von Ihnen diskutiert.
> Das wird von dem Sachbearbeiter gemacht.

The passive is formed from *werden* and the past participle of the verb.
Verbs which are followed by the accusative can normally be used passively.
> Wir bauen das Hotel. (active)
> We are building the hotel.
> Das Hotel *wird gebaut.* (passive)
> The hotel is being built.

Some verbs which are followed by the dative can be used passively if the passive subject is *es*:
> Es *wird* mir *geholfen.*
or if there is no specific mention of a subject, and the dative case is obvious:
> Mir *wird geholfen.*

The English word 'by' is translated by *von* if the agent is a person or living creature. *Durch* is often used if the agent is inanimate.
> Die Preise *werden* vom Lieferanten *ausgerechnet.*
> Der Brief *wird* durch die Post *zugestellt.*

See Chapter 6 for other tenses of verbs in the passive.

2 Superlative adjectives

The following general rules apply:
The superlative ending is *st-*.
> klein   der, die, das klein*ste*
> billig   der, die, das billig*ste*

Most monosyllabic adjectives and those adjectives which have the stress on the last syllable ending in *d, s, sch, st, t, tz, x, z*, take *est-* in the superlative.

bekannt   der, die, das bekannt*este*
kurz   der, die, das kürz*este*

Most monosyllables have an umlaut if the vowel is *a*, *o* or *u*.

jung   der, die, das j*ü*ngste
alt   der, die, das *ä*lteste

Adjectives preceding a noun take the normal adjective endings (see *Working with German Level 1*, chapters 4 and 8). Those coming after a noun take the following form:

Dieses Auto ist *am teuersten.*
Diese Aufträge sind *am wichtigsten.*

Some irregular superlatives:

groß   der, die, das größte
gut   der, die, das beste
nah   der, die, das nächste
hoch   der, die, das höchste
viel   der, die, das meiste

3 Comparative and superlative adverbs

These have the same forms as adjectives, but do not decline.
Some irregular forms:

gern	lieber	am liebsten
gut	besser	am besten
viel/sehr	mehr	am meisten

Wie komme ich *am besten* zum Bahnhof?
Mein neues Auto fährt *schneller* als mein altes.
Dieses Modell fährt *am schnellsten.*

Additional exercises

1   Put the following sentences into the present passive.

(*a*) Die Firma Steiner baut dieses neue Hotel.
(*b*) Die Sachbearbeiterin unterbreitet Ihnen unser Angebot.
(*c*) Wir erwarten 20 Kisten.
(*d*) Mein Kollege bestätigt Ihren Auftrag morgen.
(*e*) Dieser Supermarkt braucht 25 Rollläden.
(*f*) Zuerst messen wir alles ab.

2   Give the comparative and superlative forms of the following adjectives.

(*a*) klein   (*e*) interessant
(*b*) nahe   (*f*) groß
(*c*) neu   (*g*) alt
(*d*) gut

3   Put the following sentences into the comparative and superlative.

    Example: Dieses Gebäude ist groß.

                Dieses ist größer und dieses ist am größten.

  (*a*)   Diese Waren sind billig.

  (*b*)   Dieser Mitarbeiter ist vernünftig.

  (*c*)   Diese Maschine ist neu.

  (*d*)   Diese Preise scheinen attraktiv zu sein.

  (*e*)   Dieser Container ist schwer.

  (*f*)   Diese Sache wird eilig.

  (*g*)   Diese Anfrage ist wichtig.

  (*h*)   Dieser Bericht muss kurz sein.

  (*i*)   Diese Kartons sind alt.

  (*j*)   Diese Firma ist in unserer Gegend bekannt.

4   The following sentences are in the passive. Translate them into English.

  (*a*)   Meine Briefe werden immer von meiner Sekretärin geschrieben.

  (*b*)   Eine neue Fabrik wird gebaut.

  (*c*)   Die Bücherausstellung wird von unserem Chef organisiert.

  (*d*)   Der Preis wird noch vom Manager ausgerechnet.

  (*e*)   Es wurden 1000 Gäste zum Fest eingeladen.

  (*f*)   Unser Angebot wird von uns schriftlich bestätigt.

  (*g*)   In unserer Abteilung werden wir von vielen Kunden angerufen.

  (*h*)   Diese Sache muss von meinen Kollegen diskutiert werden.

  (*i*)   Der Auftrag kann von Ihnen bis zum Ende des Monats storniert werden.

  (*j*)   Diese Mitteilung muss von Ihnen persönlich unterschrieben werden.

Kapitel 1–3

Zusätzliche Aufgaben

1 Rollenspiel: Einen Termin vereinbaren

A Eine Firma hat Sie zu einem Vorstellungsgespräch eingeladen. Sie rufen diese Firma an um einen Termin zu vereinbaren. Leider haben Sie zu dem von der Firma vorgeschlagenen Zeitpunkt etwas anderes vor. Schlagen Sie einen zweiten Termin vor bzw. versuchen Sie einen gegenseitig annehmbaren Termin zu vereinbaren.

B Ein/e Berwerber/in ruft Sie an um ein Vorstellungsgespräch zu arrangieren. Er/sie kann zu der von Ihnen vorgeschlagenen Zeit nicht kommen und schlägt einen anderen Termin vor. Dieser Termin ist aber für Sie nicht möglich. Versuchen Sie einen gegenseitig annehmbaren Termin zu vereinbaren.

Nützliche Ausdrücke

- übermorgen   *day after to-morrow*
- morgen in einer Woche   *a week to-morrow*
- übernächste Woche   *the week after next*
- Montagvormittag   *Monday morning*
- nachmittags   *in the afternoon*
- das passt mir leider nicht   *unfortunately that doesn't suit me*
- das passt mir gut   *that suits me fine*
- etwas früher/später kommen   *to come a little earlier/later*
- das wäre sehr günstig   *that would be very suitable*

2 Partnerarbeit

Sie haben Besuch aus Deutschland. Der/die Besucher/in fragt nach dem Weg zu verschiedenen Sehenswürdigkeiten in Ihrer Stadt/Gegend. Geben Sie Auskunft, wie man dahin kommt.

Nützliche Ausdrücke

- Entschuldigung, wie kommt man bitte zu…? *Excuse me, how do you get to?*
- Ich suche… *I'm looking for…*
- Wie lange braucht man? *How long does it take?*
- Am besten gehen Sie… *The best way to go…*
- Sie können laufen/zu Fuß gehen. *You can walk.*
- Fahren Sie doch mit der Bahn. *Take the train.*

3 Sie arbeiten in Deutschland und wollen eine Anzeige in der Zeitung aufgeben (z.B. Sie suchen eine neue Wohnung, Sie wollen Ihr Auto verkaufen, Sie möchten Englischunterricht geben). Schreiben Sie die Anzeige (so kurz wie möglich, sonst wird das teuer!).

4 **Hörverständnis**

 Sie interessieren sich für ein neues Auto und rufen einen Autohändler an um die genauen Daten des Modells herauszufinden. Hören Sie zu und notieren Sie die Angaben für: Länge, Breite, Gepäckraumhöhe, Gepäckrauminhalt, Leergewicht, zulässiges Gesamtgewicht, zulässige Dachlast, Kraftstofftank-Füllmenge, Anzahl der Zylinder, Getriebe, Höchstgeschwindigkeit.

5 **Hörverständnis**

 You are travelling in Germany and hear the radio traffic report. Listen to the three reports and note down information on the following points: Road, Direction, Traffic problem, Alternative route.

6 **Hörverständnis**

 You are in Germany and hear the German weather report. What does the report say about the following items? Area, Time, Daytime maximum temperature, Night-time temperature, Tomorrow.

7 **Hörverständis**

 Sie hören fünf Dialoge, die sich auf die Wetterlage beziehen. Wählen Sie für jeden Wetterausdruck die richtige Dialognummer.

(*a*) Es ist so schön sonnig.
(*b*) Wir haben Gewitter.
(*c*) Es ist wirklich kalt.
(*d*) Es ist sehr nebelig.
(*e*) Es gießt.

8 While visiting Germany you see various different notices relating to price reductions (see page 40). What does each of them say about possible bargains?

(*a*)   Unsere Preisermäßigung gilt bis zum 25. Oktober.

(*b*)   Räumungsverkauf: Preise bis zu 20% herabgesetzt.

(*c*)   Totalausverkauf wegen Umzug in neues Gebäude.

(*d*)   Alle Möbel sind für ein paar Tage bis zu 30% reduziert.

(*e*)   Dieser Preisnachlass ist beträchtlich – alter Preis DM239,95, jetzt DM189,00.

(*f*)   Bei sofortiger Zahlung sind alle Waren bis zu 7,5% reduziert.

(*g*)   Für gewisse Artikel sind die Preise stark herabgesetzt.

(*h*)   Dieses Kaufhaus bietet sehr günstige Preise.

(*i*)   Alles stark reduziert wegen Geschäftsaufgabe.

(*j*)   Sie bekommen hier alles sehr preiswert – Preise sogar bis zu 40% herabgesetzt.

9   You visit Magdeburg on business and while there, you are given some brochures on the *Land* Sachsen-Anhalt. When you return to work, you report back to your boss and give him some background information. Select a few interesting facts from the brochure extract below, including something on foreign investment, and tell your boss about them.

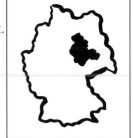

Sachsen-Anhalt auf einen Blick:

Das Parlament

CDU:	34,4%=37 Mandate
SDP:	34,0%=36 Mandate
PDS:	19,9%=21 Mandate
Bündnis 90/Grüne	5,1% 5 Mandate

Die Regierung

Die Landesregierung von Sachsen-Anhalt wird von der SPD und der Partei Bündnis 90/DIE GRÜNEN gestellt.
Ministerpräsident: Dr. Reinhard Höppner
Stellvertretende Ministerpräsidentin: Heidrun Heidecke

Das Land

Fläche:	20 607 km²
Einwohner:	2 784 000
Bevölkerungsdichte:	137 EW je km2
Gemeinden:	1 326
Landeshauptstadt:	Magdeburg

Die drei kreisfreien Städte:

Halle:	294 000 Einwohner
Magdeburg:	270 000 Einwohner
Dessau:	93 000 Einwohner

Geographie:

höchster Berg: Brocken/Harz	(1142 m)
längster Fluss: Elbe	(303 km)
größter See: Arendsee	(150 ha)

Naturschutzgebiete:

einstweilig gesichert:	53 (25.560 ha)
endgültig gesichert:	146 (30.300 ha)
Landschaftsschutzgebiete:	51 (542.370 ha)
Nationalpark Hochharz:	5.889 ha
Naturpark Drömling:	25.706 ha
Biosphärenreservat «Mittlere Elbe»:	43.00 ha

Und noch etwas wollen wir zu den Fakten legen: So gern Leute aus Sachsen-Anhalt in ferne Länder reisen, so gern kommen Investoren zu uns.
In 239 Betriebe haben europäische und US-amerikanische Firmen investiert.
Die Investoren kommen überwiegend aus der Schweiz, Großbritannien, Frankreich, Österreich, USA, Niederlande, Belgien, Italien und Schweden.

10 Hörverständnis

 Sie sind zu Besuch bei einer deutschen Firma um Geschäftsbeziehungen zu diskutieren. Sie warten am Empfang, während die Empfangsdame anderen Leuten erklärt, wie sie verschiedene Abteilungen erreichen. Wohin gehen diese Leute?

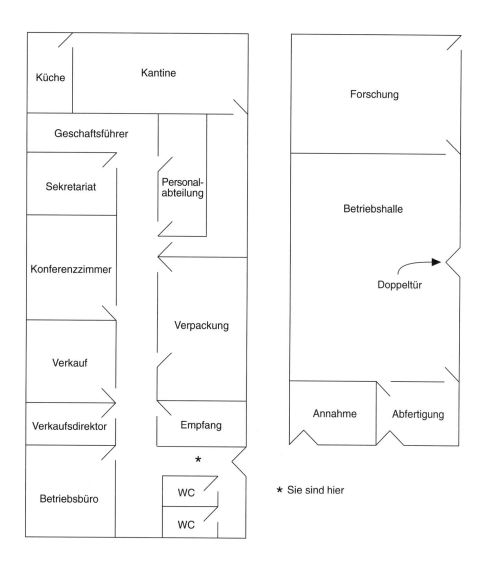

Kapitel 4

Wir möchten einen Auftrag erteilen

Etwas telefonisch oder schriftlich bestellen **Bitte schicken Sie uns Ihre Auftragsbestätigung**	Placing orders on the telephone or in writing: page 42 Dealing with confirmations of orders: page 47
Wichtige Ausdrücke	Expressions used on order forms: page 44 Terminology on confirmation of order: page 48
Summary of language forms	• *Lassen* used as a modal verb. • *Erst* in time phrases

Etwas telefonisch oder schriftlich bestellen

1 Herr Seidel vom Sportgeschäft Bachmann und seine Lieferantin, Frau Fuchs, besprechen einen Auftrag.

Seidel	Guten Tag, ich möchte gern Frau Fuchs von der Verkaufsabteilung sprechen.
Telefonistin	Moment, ich verbinde.
Fuchs	Fuchs, guten Tag.
Seidel	Guten Tag, Frau Fuchs, hier Seidel vom Sportgeschäft Bachmann. Ich möchte bei Ihnen eine Bestellung aufgeben.

	Geht das telefonisch?
Fuchs	Sicher geht das. Die Bestellung können wir dann per Fax bestätigen. Was möchten Sie denn bestellen?
Seidel	Ich beziehe mich auf Ihre Offerte für Sportsocken und -schuhe.
Fuchs	Geben Sie mir bitte unsere Referenznummer.
Seidel	EG fm 2039.
Fuchs	Augenblick bitte. Ich muß mal nachsehen. Bleiben Sie bitte am Apparat … Ja, jetzt habe ich die Unterlagen vor mir. Welche Mengen möchten Sie denn bestellen?
Seidel	Zunächst die Schuhe Größen 38, 40 und 42, je 20 Paar in blauweiß. Dann die Socken: mittelgroß und groß, jeweils 25 Paar in weiß. Kriegen wir denn Rabatt?
Fuchs	Ja, in diesem Fall bekommen Sie 10%.
Seidel	Wann können Sie denn liefern? Wir brauchen alles so schnell wie möglich.
Fuchs	Die Socken haben wir vorrätig, also übermorgen. Die Schuhe lassen wir uns zum größten Teil von unserem anderen Depot zuschicken. Das schaffen wir erst nächste Woche. Ich gebe Ihnen morgen per Fax Bescheid.
Seidel	In Ordnung. Ich bedanke mich.
Fuchs	Nichts zu danken. Auf Wiederhören.

2   Imagine you are Herr Seidel. Report to your boss on the progress of the
orders you have just placed. Try to use a variety of tenses.

Nützliche Ausdrücke

- Ich habe gerade mit … gesprochen.
- Ich habe … bestellt.
- ein Rabatt von …
- Sie können … liefern.

Wichtige Ausdrücke

Kaufhaus-Renk GmbH
Rathausstraße 73–81
86179 Augsburg

Bestell-Nr 54806

Unser Zeichen	Ihr Zeichen	Ihre Nachricht vom	Telefon-Durchwahl
MÜ/se	Ang. 736	28.8.97	5700–229

Bestellmenge	Benennung	Größe	Preis je Einheit inkl. MwSt	Gesamtpreis
10	Mäntel, grün, Modell Frühling	42	DM 265,–	DM 2650,–

Zahlungsbedingungen: 30 Tage
Preisstellung: unserem Lagerhaus
Liefertermin: 17. K.W.
Warenannahme: Montag bis Freitag 7–15 Uhr
Bitte senden Sie die Bestellkopie als Auftragsbestätigung zürück.

Kaufhaus-Renk GmbH

Horn Mayer

Einkauf

3 Look at the order form on page 44, and find the German equivalent of the following expressions.

(*a*) Total price
(*b*) Payment condition
(*c*) Description of goods
(*d*) Size
(*e*) Unit price

(*f*) Number ordered
(*g*) Delivery date
(*h*) Confirmation of order
(*i*) Copy of order

4 You work for a fashion wholesaler. On your desk you find a note from your boss asking you to give her the gist of this letter from Germany.

Hamburger Modehaus
Ifflandstraße 22
22087 Hamburg

Bamberger Bekleidungsfabrik GmbH
Amalienstraße 130
96047 Bamberg

Hamburg
8.7.97

Bestell-Nr 1453/Cr
Unser Zeichen G/mr

Sehr geehrter Herr Cromme

wir beziehen uns auf Ihr Angebot Ger/79 vom 28. Juni 97 und erteilen hiermit zu unseren auf der Rückseite abgedruckten Bezugsbedingungen einen Auftrag über folgende Waren:

Posten	Benennung	Artikel-Nr	Größe	Menge	Preis/Stück inkl MwSt.	Gesamtbetrag
1	Herrenjacken braun	395	42,44,46	je 10	DM 349,75	10 492,50
2	Damenhosen schwarz	42	36,38,40	je 4	DM 179,90	2 158, 80
3	Herrenhemden grün kariert	578	44,46,48	je 25	DM 97,50	7 312,50
4	Krawatten blau/rot	53		20	DM 20,35	407,-
	weiß/gelb	54		20	DM 21,95	439,-
						15 779,-

Zahlungsbedingungen: 30 Tage nach Erhalt Ihrer Rechnung
Preisstellung: ab Lager London
Liefertermin: möglichst schnell, spätestens aber Ende der 36 K.W.

Außerdem möchten wir Sie darauf hinweisen, daß wir für Posten 3 und 4 einen Rabatt von 3 Prozent erwarten.

Falls die von uns erwünschten Größen bzw. Farben nicht vorrätig sind, bitten wir Sie, uns dies sofort mitzuteilen, damit wir dafür eine andere Bezugsquelle finden können.

Wir bitten höflichst um eine Auftragsbestätigung und verbleiben

Mit freundlichen Grüßen

Baumann   Witsch

---

5 Listen to the three conversations on the cassette, and for each conversation
 note down the following details:

(*a*) total price   (*d*) reference number
(*b*) any discount   (*e*) any special conditions.
(*c*) goods ordered

6 Your boss and a potential supplier are holding a conversation. As neither
speaks the other's language, you are acting as interpreter. Complete the
following conversation.

Ihr Chef	No, that's too expensive.
Sie	_____
Lieferantin	Das ist mein günstigstes Angebot.
Sie	_____
Chef	I had hoped for a better discount. We place orders regularly and always pay promptly.
Sie	_____
Lieferantin	Gut, weil Sie ein guter Kunde sind, geben wir Ihnen 7%.
Rabatt.	
Sie	_____
Chef	OK, that's fine. Ask when they can deliver.
Sie	_____
Lieferantin	Die erste Lieferung des Auftrags innerhalb von drei Wochen, die zweite Lieferung Anfang September.
Sie	_____
Chef	Why not until September?
Sie	_____
Lieferantin	Wegen der Betriebsferien vom 30. Juli bis zum 12. August.
Sie	_____
Chef	Good. Tell them we'll send our order by fax this afternoon.
Sie	_____
Lieferantin	Unsere Verkaufsbedingungen haben Sie schon, oder?

Sie	_____
Chef	Yes, everything's clear.
Sie	_____

Nützliche Wörter

- teuer
- der Rabatt/der Skonto
- regelmäßig
- prima
- liefern
- hoffen auf (acc)
- heute Nachmittag

7 Sie arbeiten in einem Büro in Deutschland und finden auf Ihrem Schreibtisch einen Zettel von Ihrer Chefin mit der Bitte einige Schreibmaterialien zu bestellen. Da die Sache eilig ist, müssen Sie die Waren zunächst telefonisch, danach per Fax oder E-mail bestellen. Überlegen Sie, wie Sie sich telefonisch und dann schriftlich ausdrücken werden.

> Bitte bestellen Sie folgendes:
>
> 100 Bleistifte
> kugelschreiber blau u. rot,
> je 400 Stück
> 50 Radiergummis
> 1000 weiße Umschläge
> Lieferung – übermorgen
> in unserem Büro

Bitte schicken Sie uns Ihre Auftragsbestätigung

8 Ihre Firma hat neue Computer-Hardware bestellt. Der Lieferant schickt Ihnen folgende Auftragsbestätigung. Geben Sie Ihrem Chef Angaben über die Bedingungen, z.B. die Firma Preisler liefert die Computer bis Ende Juni; die Preise sind inklusive Mehrwertsteuer und Verpackung.

Sehr geehrte Damen und Herren,

wir danken Ihnen für Ihren Auftrag und bestätigen
hiermit, dass wir gemäß unserer allgemeinen
Verkaufsbedingungen liefern können:

20 Monitoren Modell X2AL zu einem Preis von
     DM679,-/Stück
20 Prozessoren Modell Q45P zu einem Preis von
     DM2698,-/Stück inkl. MwSt. und Verpackung
Liefertermin: 11. bis 20. KW.
Lieferung: frei Ihrer Lübecker Fabrik
Zahlung: Innerhalb 90 Tagen
Wegen näherer Einzelheiten setzen wir uns mit Ihnen
wieder in Verbindung. In der Zwischenzeit
empfehlen wir uns Ihnen und verbleiben

Mit freundlichen Grüßen

Wichtige Ausdrücke

Für Ihren Auftrag vom 4.5. danken wir Ihnen.
Wir bestätigen hiermit den Erhalt Ihrer Bestellung vom 7.6.
Ihren am Telefon erteilten Auftrag möchten wir hiermit bestätigen.
Wir beziehen uns auf Ihre Bestell-Nr. 4168 und bestätigen hiermit, dass wir in
der Lage sind diesen Auftrag sofort zu erfüllen.

9 Read the following conditions regarding the confirmation of orders.

Auftragsbestätigung: Jeder Auftrag muss sofort, jedoch spätestens nach 8 Tagen,
schriftlich bestätigt werden. Weicht die Auftragsbestätigung von unseren
Einkaufsbedingungen ab, so gelten bei Ausführung des Auftrages unsere
Bedingungen.

(a) When and how must the supplier provide confirmation?
(b) What happens in the case of a discrepancy between the customer's
    purchase conditions and the supplier's confirmation of order?

Bitte geben Sie in allen Schriftstücken und Versandpapieren unsere Bestell-Nr.
unbedingt an. Als Auftragsbestätigung nur beiliegende Zweitschrift verwenden.

(c) What instructions are given regarding the order number?
(d) What instructions are given regarding the confirmation of order?

10 Hörverständnis

 Ein Auftrag wird telefonisch erteilt. Notieren Sie zuerst die Einzelheiten, dann schreiben Sie eine passende Auftragsbestätigung. Unbekannte Wörter können Sie im Wörterbuch nachschlagen.

Summary of language forms

1 *Lassen* used as a modal verb

When used as a modal verb, *lassen* often means 'to have or get something done'.

Wir lassen uns die Schuhe zuschicken.
Ich lasse mir die Haare schneiden.
Wir lassen unser Auto reparieren.

2 *Erst* in time phrases

Erst as an adverb has the meaning of 'not until' and does not change in form. It can be placed before or after the time phrase to which it relates.

Das schaffen wir erst nächste Woche.
Das haben wir erst letzte Woche geschafft.
Das schaffen wir erst am 16. Juni.

Note also that *erst* can be used to mean 'only' in time phrases.

Ich lerne erst seit ein paar Wochen Deutsch.

Erst should not be confused with *der, die, das erste* meaning 'first'.

Additional exercises

1 Put the following sentences into German.

(*a*) We are not coming until next week.
(*b*) I did not receive your letter until 10 December.
(*c*) I have only been working here for two weeks.
(*d*) We cannot send our confirmation of order until next week.
(*e*) You will not hear from us until 18.00.
(*f*) How long have you been learning English?
    Only for a few weeks.
(*g*) The post is not normally delivered until 10.00 in the morning.
(*h*) I am not having the books delivered until next month.
(*i*) Have you been waiting long?
    No, only five minutes.

(*j*) Your order did not arrive until 8 March.

(*k*) I am not having the tyres delivered until next week.

2   Translate the following sentences into English.

(*a*) Wir lassen uns die Bücher zuschicken.

(*b*) Wir lassen diese Büros streichen.

(*c*) Heute lasse ich das Auto waschen.

(*d*) Ich habe gestern den Wagen waschen lassen.

(*e*) Lassen Sie sich die Haare schneiden.

(*f*) Wir lassen uns ein eigenes Haus bauen.

(*g*) Lässt du dir einen neuen Anzug machen?

(*h*) Er läßt sich diese Nachricht bestätigen.

(*i*)   Bei dieser Firma läßt man die meisten Waren per Eisenbahn transportieren.

(*j*) Müssen Sie alles hierher schicken lassen?

3   Answer the following questions using *lassen*. You may make your answers either negative or positive.

Example   Lassen Sie sich die Waren zuschicken?
                    Ja, wir lassen uns die Waren zuschicken.

(*a*) Lassen Sie die Waren in Ihr anderes Depot liefern?

(*b*) Lässt sich Ihr Kollege einen neuen Anzug machen?

(*c*) Lassen Sie sich die Preise ausrechnen?

(*d*) Lässt sich Ihre Chefin neue Büromöbel bestellen?

(*e*) Lassen Sie diese Angaben bestätigen?

(*f*) Lassen Sie die Waren sofort abholen?

(*g*) Müssen wir diese Ersatzteile kontrollieren lassen?

(*h*) Musst du dir morgen die Haare schneiden lassen?

(*i*)   Kann ich mein Auto erst nächste Woche reparieren lassen?

(*j*) Soll ich meine Autoreifen wechseln lassen?

4   How would you say the following in German?

(*a*) Get the machine repaired.

(*b*) Have the car washed.

(*c*) Get the details sent to me.

(*d*) Get these letters typed.

(*e*) Get the orders sent to this address.

(*f*) Get the lunch brought to the conference room.

Kapitel 5

Beförderungs-mittel und Liefertermine

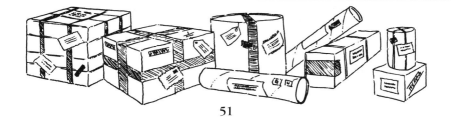

Wie sollen wir die Waren transportieren?

Wichtige Ausdrücke

mit der Bahn
per Lkw (Lastkraftwagen)
per Luftpost
mit dem Schiff
per Post
als Luftfracht
als Bahnfracht
per Kurier
mit dem Boten

1 The following notes were taken from a list of general instructions at a freight forwarding company.

> Waren, **die** sehr schwer oder sehr groß sind, transportieren wir per Lkw. Waren, **die** eilig gebraucht werden, schicken wir manchmal als Luftfracht. Die Güter, **die** wir nach Großbritannien schicken, liefern wir normalerweise per Schiff (als Seefracht).

The words in bold print are relative pronouns (which, who or that) introducing relative clauses, which give information about a person or thing already mentioned.

2 Now translate the following sentences into German.
(*a*) The customer who is speaking on the telephone wishes to place an order.
(*b*) Customers who order less than 20 items do not receive discount.
(*c*) The goods which we are sending to you as air freight will arrive next week.
(*d*) We are sending the goods which you require urgently as air freight.

Nützliche Ausdrücke

- am Telefon sprechen
- einen Auftrag erteilen
- bestellen
- das Stück
- die Ermäßigung
- bekommen
- ankommen
- nächste Woche
- schicken
- dringend
- benötigen

3 On a trip to Germany your colleague asks you to give him the gist of a leaflet on Nordrhein-Westfalen that he has found. Tell him:

(*a*)   How many kilometres of (i) road (ii) railway track (iii) waterway there are.

(*b*)   How many cars are registered in Germany.

(*c*)   What the waterway network is composed of.

(*d*)   For which industry the waterway network is increasingly important.

(*e*)   To which areas Nordrhein-Westfalen is linked by the waterway network link.

(*f*)   How many airports there are.

(*g*)   Which two of these are the main airports.

Nordrhein-Westfalen hat beste Verbindungen – zu Lande, zu Wasser und in der Luft

Fast 90.000 Kilometer Straße – Nordrhein-Westfalen hat das dichteste Straßennetz Deutschlands. Davon sind rund 2.000 km Autobahn und 5.500 km Bundesstraße. Mehr als 9 Millionen Autos sind bei uns zugelassen - den Zivil- und Transitverkehr von außerhalb gar nicht mitgerechnet. Logische Konsequenz: Der öffentliche Personennahverkehr nimmt zu – etwa 1,5 Milliarden Fahrgäste benutzen ihn. Mit Bundesbahn, S-Bahn und Stadtbahn ist auch unser Schienennetz mit insgesamt 6.100 Kilometern hochentwickelt. Entsprechend leistungsfähig ist auch unser Nahverkehrssystem – die Menschen in Nordrhein-Westfalen sind mobil.

Von hoher und zunehmender Bedeutung für die Grundstoff-Industrie in unserem Land ist das gut ausgebaute, 700 km lange Wasserstraßensystem. Sein Rückgrat sind 226 Rhein-Kilometer innerhalb Nordrhein-Westfalens. In Verbindung mit dem schiffbaren Kanalnetz steht eine leistungsfähige Transportstruktur zur Verfügung – mit guter Anbindung an die Küstenländer.

In unseren Binnenhäfen werden rund 100 Millionen Tonnen Güter umgeschlagen. An der Spitze: Duisburg, der größte Binnenhafen der Welt, jetzt auch Freihafen.

Naturgemäß hat auch der Luftverkehr für Nordrhein-Westfalen einen hohen Rang – zwei internationale Großflughäfen verbinden uns mit aller Welt. Der zweitgrößte deutsche, der Rhein-Ruhr-Flughafen in Düsseldorf, hat sich zum wichtigsten Charterflughafen entwickelt. Und Köln/Bonn hat sich im internationalen Luftfrachtgeschäft einen Namen gemacht.

Zusammen mit dem internationalen Flughafen Münster/Osnabrück sowie den Regionalflughäfen Paderborn/Lippstadt und Siegerland verfügt Nordrhein-Westfalen über eine gut vernetzte Luftverkehrskapazität.

Information

Versanddokumente:

Egal, ob die Beförderung der Waren per Spedition oder per firmeneigene Transportmittel erfolgt, für beides werden viele Dokumente benötigt, zum Beispiel Proforma-Rechnung, Verpackungsliste, Ursprungszeugnis, Frachtliste, Luftfrachtbrief, Seefrachtbrief, Verschiffungsanweisungen, Konnossement, Ausfuhrgenehmigung.

Gefährliche Produkte:

Wenn es sich um ein gefährliches Produkt handelt, muss man ein „Unfallblatt für Straßentransport" (*Transport Emergency Card*) ausfüllen. Auf diesem Formular muss man genaue Angaben über das Produkt machen, zum Beispiel über die chemische Zusammensetzung, gefährliche Eigenschaften, ob fest oder flüssig, Notmaßnahmen und Erste Hilfe-Behandlungen. Falls unterwegs ein Unfall passiert, wissen Feuerwehr, Polizei und Unfalldienst dann sofort Bescheid.

Wann können Sie liefern?

Wichtige Ausdrücke

morgen	zweimal pro Woche
übermorgen	wann Sie wollen
nächste Woche	zu jeder Zeit
jeden Tag	am 14. März
erst nächsten Monat	im Oktober
binnen acht Tagen	Anfang/Ende Mai
innerhalb von acht Tagen	heute in acht Tagen
alle zwei Wochen	

4 Hörverständnis

 Hören Sie sich die Kassette an und notieren Sie auf Englisch die verschiedenen Liefertermine.

ACHTUNG!
Liefertermin ist Eingangstermin

5   Rollenspiel

A   Sie besprechen mit Ihrem/Ihrer Lieferanten/Lieferantin, wann er/sie die Waren, die Sie dringend brauchen, liefern kann.

B   Sie müssen mit Ihrem/Ihrer Kunden/Kundin einen Liefertermin vereinbaren. Das scheint nicht besonders einfach zu sein, weil der/die Kunde/Kundin die Waren dringend braucht und ungeduldig wird. Versuchen Sie einen Kompromiß zu schließen.

Nützliche Ausdrücke

- möglichst schnell
- Die brauchen wir unbedingt bis...
- unser Allerbestes tun
- Ja, aber Herr/Frau...
- Es tut mir Leid, aber...
- Hören Sie, Herr/Frau...
- Ich bestehe darauf, dass...

Wo muss das angeliefert werden?

Wichtige Ausdrücke

Die Waren sind	unserem Lagerhaus unserer Fabrik unserem Werk, Gebäude 2 Herrn Schmidts Büro unserem Wareneingang unserem Empfang der Firma Möller unseren Kunden in Bristol	anzuliefern.

6   Eine Telefonistin gibt Auskunft, wie die Firma Stephenson-Imports zu erreichen ist.

Fahrer   Guten Tag. Hier Altmann von der Spedition Braun. Können Sie mir bitte beschreiben, wie ich Ihre Firma erreiche? Ich stehe auf der A20 zwischen Bearstead und Maidstone. Wo Sie sich befinden, weiß ich aber nicht genau.

Telefonistin   Wenn Sie in Richtung Maidstone fahren, finden Sie uns auf
der linken Seite... Ja, etwa 200 Meter nach dem großen
Kreisverkehr sehen Sie unser Schild und die Einfahrt... OK,
fahren Sie die Auffahrt hinunter und an den Büros vorbei, bis
Sie zum Parkplatz kommen... Melden Sie sich zuerst beim
Empfang. Dort sagt man Ihnen dann, wo Sie Ihre Papiere
vorzeigen müssen und wie Sie zur Lagerhalle und zur
Brückenwaage kommen.

Fahrer   Jetzt weiß ich Bescheid. Ich danke Ihnen.

Telefonistin   Nichts zu danken. Wenn Sie noch Schwierigkeiten haben
sollten, fragen Sie nach dem *Newlands Industrial Estate*.

7   Ihre Firma exportiert Waren in alle europäischen Länder. Der deutsche
Spediteur ruft Sie an um zu sagen, dass er später am Tag eine Lieferung
abholt. Beschreiben Sie dem Spediteur anhand des folgenden Plans, wie er
zum 'Warenausgang' kommt.

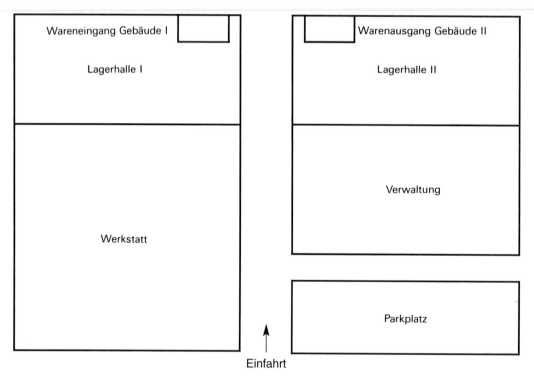

8   Sie bekommen einen Anruf von einem/einer Fahrer/in, der/die auf dem
Weg zu Ihrer Firma ist. Beschreiben Sie ihm/ihr, wie er/sie von einer
bestimmten Stelle Ihre Firma/Ihr Büro/Ihren Arbeitsplatz am besten
erreicht.

Wir empfehlen Ihnen folgende Verpackung

Wichtige Ausdrücke

Säcke

Paletten

Holzkiste

Trommeln

Thermoplastische
Folie

Schrumpffolie

mit Luftkissenfolie
gepolsterte Briefumschläge

Flaschen

Papier

Pappkartons

Holzraumfüller

9   Erzählen Sie einem/einer Partner/in, wie die Erzeugnisse der Firma, wo Sie
arbeiten oder andere Produkte verpackt werden.

Beispiel   Unsere Mikrochips müssen wir in antistatische Plastikröhren,
Luftkissenfolie und dann Kartons verpacken.
Die Bücher müssen wir in thermoplastische Folie auf Paletten
verpacken.

Information

Der Lieferant stempelt die Verpackung bzw. schreibt ein Identifizierungszeichen darauf, damit die Waren am Bestimmungsort identifiziert werden können. Die Bezeichnungen sind oft wie folgt:

- Bestellnummer
- Bestimmungsort
- Bezeichnung des Kunden
- Kistennummer

Es kommen eventuell auch Etiketten darauf.

NB Wenn man mit der Hand schreibt, muss man auf die unterschiedliche Schreibweise der Zahlen 1 und 7 achten:

Deutsch **17**

Englisch **17**

10 Below are some symbols which might be found on packing cases. Match each of them to one of the expressions below.

(*a*) vor Nässe schützen   (*f*) Vorsicht!
(*b*) hier oben   (*g*) radioaktiv
(*c*) zerbrechlich   (*h*) ätzend
(*d*) giftig   (*i*) explosionsgefährlich/explosiv
(*e*) leicht entzündlich   (*j*) reizend

Die Waren können wir nicht annehmen

Wichtige Ausdrücke

Sie haben uns zwei Tonnen	zu viel zu wenig	geliefert.

Es fehlen noch zwei Paletten.
Es fehlt noch eine Kiste.

Die Farbe Die Qualität Die Größe	entspricht	unserem Auftrag unserer Zeichnung unserem Muster	
Die Mengen Die Abmessungen Die Werkstoffe	entsprechen	unseren Probestücken unserer Skizze dem Angebot	nicht.

11 Sagen Sie Ihrem Lieferanten (Partner/in), warum Sie Ihre Waren nicht
annehmen können.

Beispiel ● Die Waren, die Sie gestern geliefert haben, können wir nicht
annehmen.
■ Warum nicht?
● Die Abmessungen entsprechen nicht unserer Zeichnung.

Machen Sie kurze Dialoge.

12 Eine Lieferantin, Frau Bosch, und einer ihrer Kunden, Herr Hüber,
 besprechen eine Teillieferung.

Kunde Schweizerische
Importgesellschaft,
Hüber.

Lieferantin Bosch, guten Tag,
Herr Hüber. Ich
beziehe mich auf
Ihren Auftrag,
Referenz 4074/90. Eine
unserer Maschinen
war in den letzten
paar Tagen außer
Betrieb. Wir bedauern

es sehr, aber im Moment sind leider erst sechshundert Teile
anstatt tausend fertig. Diese können wir morgen oder
übermorgen liefern, aber die restlichen vierhundert
bekommen Sie frühestens in zwei Wochen.

Kunde   Ich muss mal nachfragen. Diesen Auftrag liefern wir an
unseren eigenen Kunden in Großbritannien weiter. Eine
unvollständige Lieferung nützt ihm wahrscheinlich nicht. Es
könnte sein, dass wir diesen Auftrag stornieren müssen. Ich
setze mich mit dem Kunden in Verbindung und komme später
zu Ihnen zurück.

13 Rollenspiel

A Sie müssen im Auftrag von Herrn Hüber seinen/seine Kunden/Kundin
in Großbritannien anrufen und erklären, warum Sie nicht pünktlich
liefern können.

B Als Kunde/Kundin sind Sie verärgert, dass nicht alle Teile fertig sind.
Sie können nur noch eine Woche warten. Wenn es länger dauert,
müssen Sie den Auftrag stornieren.

Nützliche Ausdrücke

- Das ist aber ärgerlich.
- Das nützt mir überhaupt nichts.
- unbedingt innerhalb (von) einer Woche

Verzögerungen

Wichtige Ausdrücke

Bitte teilen Sie uns den Grund für die Verzögerung mit.
Es tut uns Leid, aber
   wir konnten wegen des Hafenarbeiterstreiks nicht früher liefern.
   unsere Lieferabteilung hat nicht genug Personal.
   wir sind im Moment sehr beschäftigt.
   wir hatten bis letzte Woche Betriebsferien.
   die Betriebsanlage wird überholt/repariert.
   eine unserer Maschinen ist kaputt/außer Betrieb/funktioniert nicht.
   wir haben Probleme mit dem Computer.
   die Unterlagen sind leider verloren gegangen.
   die Akte finde ich im Moment nicht.
   unser Sub-Lieferant hat einige Teile noch nicht geliefert.
   die Verzögerung ist auf die Zollabfertigung/Rohstoffknappheit zurückzuführen.
Ich muss mal nachfragen.
Ich muss die Sache untersuchen.

14 **A** Sie sind Uhrengroßhändler/in und warten seit zwei Wochen auf eine
Lieferung von Armbanduhren von einer Firma in der Schweiz. Diese
werden für Weihnachten dringend benötigt. Schicken Sie Ihrem/Ihrer
Lieferanten/Lieferantin eine Mitteilung, in der Sie eine Erklärung für die
Verzögerung verlangen.

B Sie sind der/die schweizerische Lieferant/in. Erklären Sie Ihrem/Ihrer
Kunden/Kundin per Fax, warum die Lieferung zu spät kommt und ob
die Waren schon unterwegs sind.

Nützliche Ausdrücke

- zwei Wochen überfällig
- Ich bitte um eine Erklärung.
- sofort mitteilen
- die Uhren abschicken
- bei Ihnen eintreffen
- sich entschuldigen

15 Below are some reasons why a company may refuse to unload or accept a
consignment of goods. Match each of the reasons to its German
equivalent.

(*a*) wrong model   (*g*) damaged goods
(*b*) incomplete order   (*h*) certificate of origin not in order
(*c*) delivered too early/late (*i*) protracted delivery
(*d*) some goods missing   (*j*) poor quality
(*e*) wrong colour   (*k*) goods too large
(*f*) health and safety regulations
       contravened

Die Waren können wir nicht entladen,
    weil die Ladung den Gesundheits- und Sicherheitsvorschriften nicht
    entspricht.
    weil die Waren zu früh/spät geliefert worden sind.
Die Waren können wir nicht annehmen,
    weil sie beschädigt sind.
    weil die Bestellung unvollständig ist.
    weil ein Teil der Waren fehlt.
    weil sie von schlechter Qualität sind.
    weil das die falsche Farbe ist.
    weil sie zu groß sind.
    weil das Ursprungszeugnis/die Herkunftsbescheinigung nicht in
    Ordnung ist.
    weil Sie uns das falsche Modell geliefert haben.
    weil es sich um eine verspätete Lieferung handelt.

16 Hörverständnis

 Hören Sie sich die Kassette an und notieren Sie, warum es nicht möglich war, die Aufträge pünktlich auszuführen.

17

Machen Sie mit einem/einer Partner/in Dialoge. Verwenden Sie die unten stehenden Abbildungen und Ausdrücke.

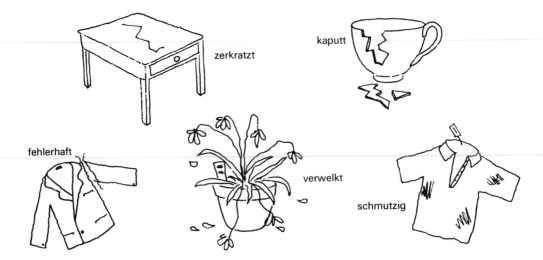

18 Hörverständnis

 Hören Sie sich die Kassette an und notieren Sie die Gründe für die Beschwerde.

Summary of language forms

1 Relative clauses

These are introduced by relative pronouns, and give information about a person or thing already mentioned.

Der Fahrer, *der* nach Salzburg fährt, transportiert Nahrungsmittel. (nominative)
Der Fahrer, *den* Sie im Lkw sehen, transportiert Möbel. (accusative)
Der Fahrer, *dessen* Namen ich vergessen habe, transportiert Autos. (genitive)
Der Fahrer, *dem* Sie diesen Lieferschein geben müssen, transportiert Güter aller Art. (dative)
Der Lkw-Fahrer, mit *dem* ich spreche, transportiert Güter in die Schweiz. (dative after *mit*)

Note the following:

Den Kugelschreiber, *mit dem* ich schreibe, habe ich von meiner Kollegin bekommen.

Den Kugelschreiber, *womit* ich schreibe, habe ich von meiner Kollegin bekommen.

The second example is a colloquial alternative to a preposition followed by the relative pronoun. This construction is usually restricted to relative clauses referring to things not people. Note that where the preposition begins with a vowel, it must be preceded by the letter *r*: *worauf, worin, woran* etc.

Table of relative pronouns

	Masculine	*Feminine*	*Neuter*	*Plural*
Nominative	der	die	das	die
Accusative	den	die	das	die
Genitive	dessen	deren	dessen	deren
Dative	dem	der	dem	denen

2 Phrases of time

Phrases of indefinite time are often expressed in the genitive.

Das müssen wir *eines Tages* machen.

Phrases of definite time are often expressed in the accusative.

Die Waren können wir *nächsten Monat* liefern.

3 Subordinate clauses preceding a main clause

When a sentence begins with a subordinate clause, the verb in the following main clause stands in first position.

Wenn Sie Richtung London fahren, *finden* Sie uns auf der linken Seite.

Obwohl ich keinen Stadtplan habe, *kann* ich den Weg finden.

Some common subordinating conjunctions: *wenn, als, ehe/bevor, nachdem, obwohl/obgleich, da, dass, damit, indem, während, sobald, falls.*

Additional exercises

1 Add the correct relative pronoun to the following sentences.

(*a*) Der Sachbearbeiter, _____ im nächsten Zimmer arbeitet, heißt Herr Jakobi.

(*b*) Der Artikel, _____ Sie im Moment lesen, stand in der *Frankfurter Allgemeinen.*

(*c*) Die Dame, mit _____ Sie gesprochen haben, ist unsere Verkaufsleiterin.

(*d*) Die Geschäftsführerin einer Firma, _____ Namen ich vergessen habe,
       kommt morgen zu Besuch.

(*e*) Die Herren, mit _____ wir ins Restaurant gehen, interessieren sich
       sehr für unsere Produkte.

(*f*) Das Zimmer, in _____ wir arbeiten, ist sehr gut ausgestattet.

(*g*) Die Lieferbedingungen, _____ Sie gestern erwähnt haben, können
       wir leider nicht annehmen.

(*h*) Die Quantität, _____ Sie bestellt haben, können wir nächste Woche
       liefern.

2 Add a suitable conjunction to the following sentences.

(*a*) _____ die Hafenarbeiter streiken, können wir nicht pünktlich liefern.

(*b*) _____ wir die Waren überprüft haben, werden wir sie akzeptieren.

(*c*) _____ Sie bis nächste Woche nicht geliefert haben, müssen wir den
       Auftrag stornieren.

(*d*) _____ unterwegs ein Unfall passiert, muss man ein Unfallblatt für
       Straßentransport bei sich haben.

(*e*) _____ die Papiere nicht in Ordnung sind, können wir die Waren nicht
       annehmen.

(*f*) _____ diese Waren geliefert werden, müssen wir alles genau
       überprüfen.

(*g*) _____ der Spediteur ankam, war der Wareneingang schon zu.

3 Translate the following sentences into English.

(*a*) Waren, die schwer sind, schicken wir normalerweise als Seefracht.

(*b*) Rechnungen, die wir nach dem 15. des Monats erhalten, zahlen wir
       erst am Ende des nächsten Monats.

(*c*) Ihr Geschäftsführer, dessen Namen ich vergessen habe, scheint sehr
       leistungsfähig zu sein.

(*d*) Die Firma, deren Adresse ich verloren habe, muss hier irgendwo in
       der Nähe sein.

(*e*) Das Büro, in dem ich arbeite, ist höchst modern.

(*f*) Die Kollegen, mit denen Sie arbeiten werden, sind ein gutes Team.

(*g*) Die Container, die Sie dort sehen, haben eine Kapazität von 32,8 m³.

(*h*) Die Formulare, auf die ich mich beziehe, müssen neu gedruckt
       werden.

(*i*) Nach der Arbeit gehen wir in ein Restaurant, das ausgezeichnet ist.

(*j*) Die Vertreterin, mit der wir gesprochen haben, kommt am Montag.

4 Translate the following sentences into German.

(*a*) The firm which has just built new offices is looking for new
       employees.

(b) The package which you require urgently was sent off yesterday.
(c) The forwarding agent, whose name I have given you, is very reliable.
(d) The forms that you need will be coming by post tomorrow.
(e) The man with whom you spoke is our driver.

5 Change the order of the clauses in the following sentences.
  Example: Ich muss noch einen Bericht schreiben, bevor ich nach Hause
           gehen kann.
           Bevor ich nach Hause gehen kann, muss ich noch einen
           Bericht schreiben.
(a) Ich habe viel gelernt, seitdem ich bei Euroco arbeite.
(b) Gehen Sie bitte zur Post, wenn Sie alles geschrieben haben.
(c) Wir wissen nicht, ob Frau Schneider um 12.00 Uhr oder gar nicht
     kommt.
(d) Heute arbeite ich nicht, weil ich Geburtstag habe.
(e) Wir haben noch eine halbe Stunde, bis der Zug kommt.
(f) Herr Sandford durfte mit dem Bürgermeister sofort sprechen, da er
     schon angemeldet war.
(g) Ich habe nur Deutsch gesprochen, als ich in Österreich war.
(h) Wir machen einen Französischkurs, wenn wir mit dem Deutschkurs
     fertig sind.
(i) Ich weiß nicht, ob mein Kollege heute ins Büro kommt.
(j) Mein Chef weiß nicht, wie man diese Maschine bedient.
(k) Wir haben nur noch 30 Minuten, bis wir Besuch bekommen.

Kapitel 6

Zahlungsmittel

Wie steht der Wechselkurs?

Wichtige Ausdrücke

der amerikanische Dollar ($)
die deutsche Mark (DM)
der französische Franc (F)
das englische Pfund (das Pfund
  Sterling) (£St)
der schweizerische Franken (sFr)
die italienische Lira (Lit)
die spanische Peseta (Ptas)

die dänische Krone (dkr)
der österreichische Schilling (öS)
der belgische Franc (bfr)
der holländische Gulden (hfl)
die griechische Drachme (Dr)
das irische Pfund (1r£)
der portugiesische Eskudo (Esc)

1 Lesen Sie folgende Wechselkurse für zwei aufeinander folgende Tage. Prüfen Sie dann, ob die Kurse für folgende Länder am zweiten Tag gefallen oder gestiegen sind.

(*a*) England   (*d*) Schweden
(*b*) die Schweiz   (*e*) Belgien
(*c*) Österreich

SORTEN

		ANKAUF 10.9. DM	ANKAUF 11.9. DM
BELGIEN	100 BFR	4,69	4,97
DÄNEMARK	100 DKR	24,75	24,52
ENGLAND	1 £	2,26	2,20
FRANKREICH	100 FF	28,35	27,87
NIEDERLANDE	100 HFL	88,35	89,10
NORWEGEN	100 NKR	22,30	21,85
ÖSTERREICH	100 ÖS	14,01	13,95
SCHWEDEN	100 SKR	21,75	22,05
SCHWEIZ	100 SFR	119,95	120,70
USA	1 $	1,48	1,58

WEITERE WÄHRUNGEN AM SCHALTER

Wichtige Ausdrücke

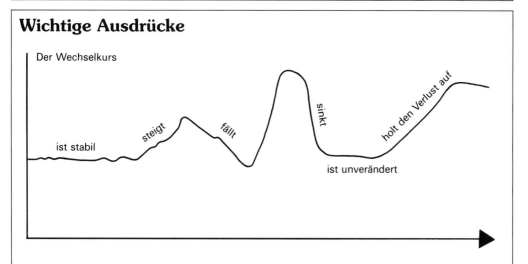

Das englische Pfund ist heute schwach gegen den Dollar.
Die D-Mark ist um 2 Pfennig gestiegen.
Der Dollar ist stärker als gestern.
Das Pfund ist schwach im Vergleich zu letzter Woche.

2   Hörverständnis

Listen to the cassette and for each conversation, note down the rate of exchange and the total amount received by the customer.

3   Rollenspiel

Sie wollen auf der Bank Geld umtauschen. Machen Sie einen Dialog mit Ihrem/Ihrer Partner/in, der/die die Rolle des Bankangestellten übernimmt.

4   Sie sind in Deutschland und finden eine Broschüre über Datex-J (einen Online-Dienst in Deutschland). Sie interessieren sich besonders für Homebanking-Möglichkeiten. Was können Sie von zu Hause erledigen?

Eine inzwischen populäre und sehr nützliche Möglichkeit per Datex-J nennt sich "Homebanking" und ist das Angebot verschiedenster Geldinstitute, die wichtigsten Bankgeschäfte Online abzuwickeln. **Kontostandabfrage, Überweisungen, Daueraufträge** – all das erledigen Sie dann ganz **bequem von zu Hause aus**, wann immer Sie wollen – auch nach Schalterschluss! Aktuelle Börsennachrichten oder Finanztips runden das Angebot ab. Informationen, Einkauf, Bankgeschäfte – Datex-J hat viel zu bieten.

Die Rechnung muß bezahlt werden

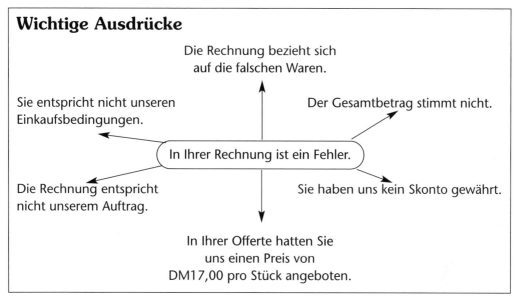

Wichtige Ausdrücke

Die Rechnung bezieht sich
auf die falschen Waren.

Sie entspricht nicht unseren
Einkaufsbedingungen.

Der Gesamtbetrag stimmt nicht.

In Ihrer Rechnung ist ein Fehler.

Die Rechnung entspricht
nicht unserem Auftrag.

Sie haben uns kein Skonto gewährt.

In Ihrer Offerte hatten Sie
uns einen Preis von
DM17,00 pro Stück angeboten.

5 Zwei Buchhalter (eine Dame von der Kundenfirma, ein Herr von einem Verlag) besprechen eine Rechnung für Wörterbücher.

Sachbearbeiterin Wir haben gestern eine Rechnung über DM 1920,20 für deutsch/englische Wörterbücher erhalten. Der Gesamtbetrag stimmt aber nicht.

Sachbearbeiter Oh, das tut mir Leid, aber wieso stimmt das nicht?

Sachbearbeiterin Gemäß Ihrer Preisliste kosten die Wörterbücher DM12,50 das Stück. In unserem Auftrag wurden 100 Stück bestellt. Eine Endsumme von DM1960,20 muss daher falsch sein. Außerdem bekommen wir immer 20% Skonto, was Sie in diesem Fall ganz vergessen haben.

Sachbearbeiterin Das ist allerdings unser Fehler. Bitte vernichten Sie diese Rechnung. Sie wurde von einem neuen Mitarbeiter ausgestellt. Der kennt sich noch nicht aus. Ich spreche sofort mit ihm. Dann kann eine neue Rechnung erstellt werden.

6 Imagine you are the *Sachbearbeiter* and explain to your new colleague the errors in the invoice and how to correct them.

7 Rollenspiel

A You have received an invoice from a German company, but it does not correspond with the original order. When asked to clarify, you should explain exactly what the discrepancy is.

B Take the part of a *Sachbearbeiter/in* in a German company. You
receive a telephone call complaining about an error in one of your
invoices. Ask for an explanation, then offer your apologies and offer to
send the customer a new invoice.

8 Hörverständnis

 Hören Sie sich die Kassette an und notieren Sie die Daten und
Rechnungsnummern, die erwähnt werden.

Wie sollen wir das bezahlen?

9 Your accounts department has some queries regarding the payment
conditions of (a) a German-speaking customer and (b) a supplier.

(*a*) Preise: Den Angeboten und Auftragsbestätigungen sind feste Preise zugrunde
zu legen. Die Preisangabe gilt für Lieferungen frei unserem Werk Hamburg
einschließlich Verpackung. Porto und Verpackung werden nicht vergütet.
Zahlung: Die Zahlung erfolgt am 25. des der Lieferung folgenden Monats
mit einem Skontoabzug von 2% oder nach 90 Tagen netto mit
Zahlungsmitteln nach unserer Wahl.

How does the customer wish to pay?

(*b*) Zahlungsweise: Rechnungen sind fällig bei Eingang und zahlbar binnen
acht Tagen. Bei Hergabe von Schecks und Wechseln ist der Zahlungstag der
Tag der Einlösung. Im Falle eines Verzugs ist der Hersteller berechtigt,
Zinsen in Höhe von 2% zu berechnen.

When must the
supplier be paid?

Wichtige Ausdrücke

Zahlen Sie	mit Euroscheck mit Kreditkarte bar per Banküberweisung in Monatsraten mit einem unwiderruflichen Akkreditiv gegen Rechnung im Voraus per Banktratte per Wechsel

10 Lesen Sie die wichtigen Ausdrücke, dann wählen Sie den passenden Ausdruck auf englisch.

(*a*) in cash
(*b*) by bank transfer
(*c*) by irrevocable letter of credit
(*d*) by bill of exchange
(*e*) by bank draft
(*f*) against invoice in advance
(*g*) in monthly instalments
(*h*) by Eurocheque
(*i*) by credit card

11 The following text gives details of the different methods of paying for goods bought from a mail order catalogue. In English explain:

(*a*) the three different methods of payment
(*b*) when monthly payments are due
(*c*) the two advantages of paying by the first method
(*d*) two things the customer is told not to do.

Find the German for:

(*e*) after receipt of the goods
(*f*) at home
(*g*) minimum value ordered
(*h*) to choose
(*i*) due (of payment)
(*j*) delivery/handing over
(*k*) carrier/forwarding agent
(*l*) to sign
(*m*) cheque card
(*n*) cash
(*o*) postage stamp.

Bezahlen können Sie später.

Das Schöne:
Sie können sich aussuchen, wie Sie bezahlen wollen. Entweder gegen Rechnung zur Zahlung innerhalb von 14 Tagen oder in bequemen Monatsbeträgen – oder per Nachnahme.

Zahlung gegen Rechnung
Beim Kauf gegen Rechnung haben Sie nach Erhalt der Ware 14 Tage Zeit zu bezahlen. Sie können also alles, was Sie bestellt haben, erst in Ruhe anschauen und prüfen. Ein weiterer Vorteil ist, dass z.B. auch ein Nachbar Ihr Quelle-Paket in Empfang nehmen kann, falls Sie einmal nicht zu Hause sind, wenn es gebracht wird.
Der Mindestbestellwert bei Kauf auf Rechnung beträgt DM50.-.

Zahlung in 3, in 5 oder in 7 Monatsbeträgen
Sie wählen bei jeder Bestellung neu, in wie vielen Monatsbeträgen Sie bezahlen möchten.
Der Zinsaufschlag auf den Kaufpreis beträgt 0,6% pro Monat x Laufzeit.
Fälligkeit der Raten: Die 1. Rate wird 30 Tage nach Erhalt der Ware fällig, die weiteren Raten jeweils einen Monat später.

Zahlung per Nachnahme
Wenn Sie die Ware per Nachnahme geliefert haben möchten, bezahlen Sie bei der Zustellung. Der Postbote oder der Spediteur nehmen auch Eurochecks an, wenn Sie den Scheck in Gegenwart des Zustellers unterschreiben und Ihre

Scheckkarte vorweisen. Sie brauchen also nicht unbedingt Bargeld im Hause zu haben.
Der Mindestbestellwert bei Kauf per Nachnahme beträgt DM30.-.

Bitte beachten:
• Überweisen Sie kein Geld im Voraus.
• Schicken Sie kein Bargeld und keine Briefmarken.
• Wenn nicht anders angegeben, liefern wir gegen Rechnung (sofern ein Einkaufskonto besteht), ansonsten per Nachnahme.
Eigentumsvorbehalt: Die Ware bleibt bis zur vollständigen Bezahlung Eigentum der Quelle.

Wir müssen Sie daran erinnern

12 The following letter has arrived at your company. You have been asked by
a colleague to explain what it says. He understands that it is concerned
with invoices, but no more.

```
MAHNUNG

Sehr geehrte Damen und Herren,

Betr.: Außenstände - Rechnungen Nr. 5741 und 5362

wir möchten Sie darauf hinweisen, daß obige Rechnungen trotz
unserer Zahlungserinnerungen noch unbezahlt sind.

Wir bitten Sie noch einmal dringend diese Rechnungen
innerhalb von zwei Wochen zu begleichen bzw. uns mitzuteilen,
warum Sie nicht imstande sind sie zu begleichen. Sonst werden
wir gezwungen sein gegen Sie gerichtlich vorzugehen.

Hochachtungsvoll
```

Wichtige Ausdrücke

Bitte begleichen Sie die Rechnung sofort.
Wir bitten umgehend um Antwort.
Sonst müssen wir
   gegen Sie gerichtlich vorgehen.
   die Angelegenheit unserem Rechtsanwalt übergeben.
   Schritte unternehmen, um die ausstehende Summe gerichtlich einzutreiben.
Es tut uns Leid, aber
   unser Computer ist im Moment außer Betrieb.
   die zuständige Sachbearbeiterin ist seit einigen Tagen erkrankt.
   wir sind mit Ihren Waren nicht zufrieden.
   es ist die Schuld der Bank.
   wir haben zur Zeit Personalmangel.
   die Menge stimmt nicht.
   wir haben die Waren nicht erhalten.
   unser Bedarf hat sich geändert.
   Sie haben nicht pünktlich geliefert.

13 Lesen Sie noch einmal den Brief in Übung 12. Sie arbeiten in der
Buchhaltung. Schreiben Sie Ihrem Lieferanten eine Antwort und teilen Sie
ihm mit, warum Sie die Rechnung noch nicht beglichen haben.

Summary of language forms

1 (*a*) **The imperfect passive**

The imperfect passive is formed from the imperfect of *werden* and the past participle.

Laut unserem Auftrag *wurden* nur 60 Stück *bestellt*.
Dann *wurde* die Anzahl auf 100 *erhöht*.

(*b*) **Other passive tenses**

Die Rechnungen *werden* von einem neuen Mitarbeiter *ausgestellt* (present).
Die Rechnungen *werden* von einem neuen Mitarbeiter *ausgestellt werden.* (future)
Die Rechnungen *sind* von einem neuen Mitarbeiter *ausgestellt worden.* (perfect)
Die Rechnungen *waren* von einem neuen Mitarbeiter *ausgestellt worden.* (pluperfect)

Note that where two past participles occur, *ge* is dropped from *geworden*.

(*c*) **With modal verbs**

When forming the passive with a modal verb, *werden* remains in its infinitive form.

Dann kann eine neue Rechnung ausgestellt *werden*.
Die Rechnung muss vernichtet *werden*.

2 **Position of *nicht***

(*a*) **In a main clause**

Nicht precedes an infinitive, a past participle or a separable prefix in a main clause. Otherwise *nicht* precedes the last phrase or is the last word.

Wir haben die Waren *nicht* erhalten.
Der Wechselkurs ist im Moment *nicht* gut.
Der Gesamtbetrag stimmt *nicht*.

(*b*) **In a subordinate clause**

Nicht comes directly before the verb at the end of the clause. If there is an infinitive, past participle or adjective, *nicht* precedes these.

Wenn Sie mein Schreiben *nicht* erhalten, rufen Sie mich noch einmal an.
Teilen Sie ihm mit, warum Sie die Rechnung *nicht* beglichen haben.

(*c*) **To negate one word, *nicht* directly precedes it**

Wir konnten wegen des Streiks der Hafenarbeiter *nicht* früher liefern.
Erklären Sie, warum Sie *nicht* pünktlich liefern konnten.

Additional exercises

1 Put the following sentences into the imperfect passive.

Example: Wir bestellten fünf Maschinen.
Fünf Maschinen wurden von uns bestellt.

(*a*) Der Beamte rechnete den Gesamtbetrag aus.
(*b*) Eine neue Rechnung stellte ich nicht aus.
(*c*) Wie viel Geld wechselte der Herr?
(*d*) Wir beglichen diese Rechnungen sofort.
(*e*) Diese Firma bot uns einen Preis von DM 950, – an.
(*f*) Unser neuer Mitarbeiter stellte diese Rechnungen aus.
(*g*) Der Lieferant erhielt unsere Anfrage erst am 7. Juni.

2 Put the following groups of words into the perfect passive (see page 73, 1b).

Example: 20 Bücher/bestellen
20 Bücher sind bestellt worden.

(*a*) Ihre Rechnung/vernichten
(*b*) die Autos/verkaufen?
(*c*) diese Wagen/reparieren
(*d*) die Sachen/in Kartons verpacken
(*e*) alle Rechnungen/ausstellen
(*f*) unser Preis/schriftlich bestätigen
(*g*) die Waren/heute liefern?
(*h*) ein Festpreis/schon ausrechnen
(*i*) diese Bestellung/dringend benötigen
(*j*) eine Mahnung/Ihnen zuschicken

3 Make the following sentences negative, using either *nicht* or *kein/keine* etc. as appropriate.

(*a*) Die Rechnung habe ich bezahlt.
(*b*) Mein Nachbar hat viel Geld.
(*c*) Haben Sie Geld?
(*d*) Bitte vernichten Sie diese Rechnung.
(*e*) Wir stellen Ihnen eine neue Rechnung aus.
(*f*) Das englische Pfund ist heute schwach im Vergleich zum Dollar.
(*g*) Wissen Sie, ob Herr Walther kommt? (first clause)
(*h*) Diesen Auftrag haben wir sofort erledigen können.
(*i*) Bekomme ich eine Rechnung für diese Waren?
(*j*) Sagen Sie uns bitte, warum Sie gekommen sind. (both clauses)

Kapitel 4–6

Zusätzliche Aufgaben

1   **Partnerarbeit: Verkaufsfragen stellen und beantworten**

Mit einem/einer Partner/in übernehmen Sie die Rolle von
Sachbearbeitern/innen (**A**) bei verschiedenen Firmenarten und von
Kunden/Kundinnen (**B**). **B** möchte eventuell einen Auftrag bei **A** erteilen
und stellt Fragen um notwendige Informationen zu bekommen.

A braucht untenstehende Tabelle für seine/ihre Antworten. **B** braucht die
Wörter in der ersten Spalte der Tabelle für seine/ihre Fragen.

Bennennung	Preis	Ermäßigung	Lieferung	Zahlung	Verpackung
Bücher	1950 inkl MwSt	10%	Anfang Mai	Innerhalb 30 Tagen	Schrumpffolie
Maschinen	3490	5%	Ende November	Gegen Rechnung	auf Holzkisten
Sport-kleidung	2567,47	6%	Innerhalb 6 Wochen	Sofort	Plastiktüten und Pappkartons
Vasen	3916,34	4% Skonto bei sofortiger Zahlung	nächste Woche	Innerhalb 4 Wochen	Hohlraumfüller und Kartons
Schreibtisch	4730,96	keine	Innerhalb 2 Wochen	Per Bank-überweisung innerhalb 30 Tagen	Schrumpffolie

Beispiel auf Seite 76.

Beispiel **B** Was ist der Gesamtpreis für diese Bücher?
A DM 1950,00 inklusive Versicherung und Mehrwertsteuer.
B Bekommen wir eine Ermäßigung?
A Ja, in diesem Fall 10%.
B Wann können Sie liefern?
A Anfang Mai.
B Was für Zahlungsbedingungen haben Sie?
A Rechnungen müssen innerhalb 30 Tagen bezahlt werden.
B Wie werden die Bücher verpackt?
A In Schrumpffolie.

2 Partnerarbeit: Waren transportieren

A Übernehmen Sie die Rolle eines/einer Deutschen. Ihre Firma will Waren nach England transportieren. Sie rufen eine Speditionsfirma in England an um ein Angebot zu bekommen. Es handelt sich um drei Kisten: eine wiegt ca. 700 kg und muss nach Cornwall geliefert werden; die zweite wiegt ca. 1400 kg und wird einem Geschäft in London zugeschickt; die dritte, ca. 1900 kg, ist für eine Firma in Hampshire. Fragen Sie nach Kosten für die Lieferung vom Seehafen.

B Sie arbeiten bei einer britischen Speditionsfirma und bekommen einen Anruf aus Deutschland. Ihr Kunde/Ihre Kundin möchte Waren nach England exportieren und von Southampton in verschiedene Orte innerhalb Großbritannien transportieren lassen. Benutzen Sie die untenstehenden Tabellen um ihm/ihr ein Angebot zu unterbreiten.

Area	A	B	C
kg	£	£	£
1–100	28.41	32.10	52.69
101–250	33.59	39.99	60.25
251–500	38.90	46.35	66.70
501–750	42.43	55.64	77.85
751–1000	45.35	60.27	93.30
1001–1500	51.52	66.59	104.76
1501–2000	55.57	72.99	127.70
Area codes: A London B Hampshire C Cornwall			

Machen Sie dann weitere Dialoge.

3   **Partnerarbeit: Lieferungsprobleme**

A Als Sachbearbeiter/in bei einer britischen Firma bekommen Sie einen Telefonanruf von einer deutschen Speditionsfirma. Der Transport der Waren, die Ihnen planmäßig übermorgen zugeliefert werden sollen, hat sich verzögert. Finden Sie den Grund für diese Verzögerung heraus, beschweren Sie sich bei Ihrem/Ihrer Gesprächspartner/in, und sagen Sie, dass die Waren Sie innerhalb fünf Tagen erreichen müssen. Fordern Sie eine Bestätigung per Fax bei Verschiffung der Waren.

B Übernehmen Sie die Rolle eines/einer deutschsprachigen Angestellten bei einer Speditionsfirma in Hamburg, die Waren nach Großbritannien versendet. Wegen einer Drogenuntersuchung müssen alle Container usw. im Hafen durch die Kontrolle untersucht werden. Rufen Sie Ihren Kunden/Ihre Kundin an und teilen Sie ihm/ihr mit, dass seine/ihre Waren noch im Hafen in Hamburg liegen. Die Waren kommen deshalb mindestens einen Tag später.

4   **Hörverständnis: Wann können Sie liefern?**

 Hören Sie die Kassette und notieren Sie alles was Sie hören unter: Liefertermin, Zahlungsbedingungen, Lieferung und Preise.

5   The distribution company where you work has ordered 150 copies of a book called *Deutsche Verben* from a German company. They have not been delivered on time and you need these urgently to fulfil orders. You phone the publisher to find out the cause of the delay. Note down some of the things you need to say before making the call.

6   **Partnerarbeit**

A Ein Kunde/eine Kundin der Firma, wo Sie arbeiten, hat eine unbezahlte Rechnung. Rufen Sie die Kundenfirma an, um Zahlung anzufordern, sonst werden Sie gezwungen sein gerichtlich vorzugehen. Machen Sie folgende Angaben:
  Rechnungsnummer: 420073
  Rechnungsdatum: 30. Januar
  Zahlungsaufforderung: 31. März und 1. Juni
  Rechnungsbetrag: DM 4200,55

B Sie bekommen eine telefonische Zahlungsaufforderung von einem Lieferanten. Notieren Sie alle Angaben, dann sagen Sie, warum die Rechnung noch nicht beglichen ist.

7   Sie arbeiten bei einer Firma, die Rasenmäher herstellt und verkauft und haben einen Auftrag für 10 Stück bekommen. Bereiten Sie zuerst eine

telefonische, dann eine schriftliche Auftragsbestätigung vor. Geben Sie
genaue Angaben über Lieferung, Zahlung, Liefertermin usw.

8 Hörverständnis

Hören Sie die Cassette, dann notieren Sie auf Englisch, was gesagt wird.

9

Sie arbeiten als Sachbearbeiter/in bei einer Firma in einem
deutschsprachigen Land. Was sagen Sie dem potentiellen Kunden?

A Haben Sie unsere Anfrage bekommen? Sie wurde Ihnen am Montag per
  Fax durchgeschickt.

B Say yes, you were going to phone them later today.

A Können Sie uns in den nächsten paar Tagen ein Angebot unterbreiten?

B You can give it to them now on the phone.

A Was ist Ihr bester Preis?

B For 20 machines DM10 620.

A Bekommen wir Rabatt?

B The price includes a 5% reduction, plus VAT, packaging and delivery to
  the customer's shop in the Berlinerstraße.

A Und wann können Sie liefern?

B Not until the week after next, as you do not have enough in stock.

A In Ordnung. Wann müssen wir zahlen?

B Within 30 days.

A Vielen Dank, wir werden es uns überlegen und auf Sie zurückkommen.

B You will send the quote by fax.

Kapitel 7

Eine Geschäftsreise

Das wäre interessant	Discussing travel plans with colleagues: page 79
Unterwegs	Using different types of transport: page 82
Auf der Messe	Talking to potential customers at a trade fair: page 87

Wichtige Ausdrücke	Travel instructions: page 83
Summary of language forms	• Conditional clauses

Das wäre interessant

1 Ruth Baker, englische Vertreterin einer deutschen Firma, hat vor nach Deutschland zu reisen um ihre deutschen Kollegen und Kolleginnen kennenzulernen. Sie telefoniert gerade mit dem Geschäftsführer, Jürgen Schneider.

9 Sa	
10 So	
11 Mo	*J. P Brun*
12 Di	*Messe*
13 Mi	
14 Do	
15 Fr	
16 Sa	

Schneider   Wann kommen Sie denn nach Deutschland?

Baker   Ich weiß es noch nicht genau. Nächste Woche habe ich ziemlich viel vor. Wahrscheinlich Anfang übernächster Woche. Ginge das?

Schneider   Ja, sicher. Wenn Sie am Dienstag, also dem 12. kämen, wäre unser französischer Vertreter noch hier. Sie könnten ihn auch kennen lernen. Außerdem hätten wir dann dreieinhalb

	Tage für unsere Besprechungen. Wir könnten auch zur Messe gehen, wenn Sie Lust hätten.
Baker	Ja, gerne. Das wäre höchst interessant. Ich fahre wahrscheinlich erst am Sonntag, dem 17., zurück, weil ich etwas von Ihrer Gegend sehen möchte. Ich wäre Ihnen dankbar, wenn Sie mir einen Mietwagen fürs Wochenende reservieren könnten.
Schneider	Das können wir machen. Das ist kein Problem. Was für einen Wagen möchten Sie denn?
Baker	Wenn möglich einen Volkswagen oder einen Opel.
Schneider	In Ordnung, Frau Baker. Sobald Sie Näheres wissen, teilen Sie uns Ihre Ankunftszeit mit. Wir holen Sie dann vom Flughafen ab.
Baker	Gut. Ich melde mich nächste Woche wieder.

Beantworten Sie folgende Fragen.

(*a*) Warum wäre der 12. günstig? (zwei Gründe)

(*b*) Warum kann Ruth Baker nicht nächste Woche nach Deutschland fahren?

(*c*) Was sagt Ruth Baker über die Messe?

(*d*) Wie lange möchte Ruth Baker bleiben? Warum?

(*e*) Wofür wäre Ruth Baker dankbar?

(*f*) Was für ein Auto möchte sie mieten?

(*g*) Warum setzt sich Ruth Baker mit ihrem deutschen Kollegen wieder in Verbindung?

2   Ihr deutschsprachiger Vertreter ist bei Ihrer Firma zu Besuch. Schlagen Sie ihm einige Aktivitäten vor, die für ihn eventuell interessant wären.

   Beispiel   Wenn Sie möchten, könnten wir einen Tag bei unserer Tochtergesellschaft verbringen.

Wenn Sie Lust hätten, Wenn Sie möchten, Wenn Sie daran Interesse hätten, Wenn wir Zeit hätten, Wenn es nicht zu spät wäre, Wenn das Wetter besser wäre,	könnte ich könnten wir könnten Sie	zur Messe gehen. Sie abholen. unsere französische Vertreterin kennen lernen. übers Wochenende bleiben. einen Mietwagen reservieren. unsere Verkaufspläne weiter besprechen. die Sehenswürdigkeiten besichtigen.

3   Rollenspiel

A   You receive a phone call from a colleague at your German parent
company. Greet him/her and ask when he/she plans to travel to the
UK. Say that if he/she could come at the beginning of the week, you
would have plenty of time for your discussions. Ask about his/her
travel plans and offer to meet your colleague.

B   Take the part of the German colleague. Tell your British colleague that
you would like to come at the beginning of the week but that is not
possible. You are not able to come until the middle of the week. As
you do not like flying, you will be travelling by boat. You would be
very grateful if your colleague could reserve a hire car for you at
Dover.

4   Your local Chamber of Commerce is planning a trade mission to Germany.
To enable your host chamber to provide a suitable programme, write a
résumé (five to six sentences) outlining the jobs of three or four of your
colleagues who will be accompanying you. Mention their names, their
responsibilities within the company, and the type of company they would
like to visit. Try to include at least one conditional sentence.

Unterwegs

5 Your work in Germany involves a lot of travel by air. You are given a
leaflet *Fliegen made for Germany*. Read the extracts below and say what
advantages this service from Lufthansa offers the traveller.

Unser Service fängt nach dem Aufstehen an.
Denn jetzt können Sie als Business Class Gast mehr Zeit zu Hause und weniger Zeit am Flughafen verbringen, weil wir unseren Bodenservice für Sie noch schneller gemacht haben.

Was wir tun, damit Sie nicht mehr im Stau stehen.
Wir ersparen Ihnen einfach auf jedem innerdeutschen Flughafen das doppelte Anstehen bei Lufthansa und den Autovermietern Avis und Sixt. So können Sie schon beim Abflug an vielen Lufthansa Check-in Countern einen Wagen von Avis oder Sixt mieten, der dann am Zielflughafen auf Sie wartet. Und bei beiden Autovermietern können Sie bei der Fahrzeugrückgabe für Ihren Lufthansa Flug einchecken.

Der schnellste Weg ins Flugzeug: Check-in per Telefon.
Als Business Class Gast rufen Sie die Nummer 05 61/99 33 99 an und bekommen dann sofort Ihre Check-in Bestätigung und alle wichtigen Informationen wie Abfluggate und Sitzplatz mitgeteilt. Und um die ausgedruckte Bordkarte am Gate abzuholen, können Sie sich bis zu 15 Minuten (in Frankfurt 20 Minuten) vor dem planmäßigen Abflug Zeit lassen.

Heute die Nachrichten von morgen lesen.
Wer Lufthansa Business Class fliegt, kommt nicht nur schneller an Bord, sondern auch schlauer ans Ziel: Ab 16.30 Uhr werden wir für Business Class Gäste unseren „News von heute"-Service anbieten, der vom Handelsblatt speziell für Lufthansa erstellt wird. Er enthält alle wichtigen Nachrichten, die bis 14.00 Uhr in der Redaktion eintreffen. So bekommen Sie schon heute Informationen, auf die andere noch eine Nacht lang warten müssen.

Wichtige Ausdrücke

Sie verlassen die Autobahn an der Ausfahrt Düsseldorf/Köln etc. ...
Nehmen Sie die (A 38) bis nach/bis zum/zur...
Fahren Sie in Richtung (London).
Am Kreisverkehr fahren Sie dann links/rechts.
Der Bus/die U-Bahn fährt alle 30 Minuten/jede halbe Stunde.

---

6   Hörverständnis

 Sie sind Fluggast bei der Lufthansa. Während Ihrer Reise hören Sie einige
Ansagen. Hören Sie sich die Kassette an und notieren Sie Ihre
Anweisungen.

Nützliche Wörter

- rauchen
- die Bordkarte
- die Rückenlehne
- die Sicherheit
- der Notausgang
- der Druckverlust

7a Gegenüber finden Sie die Anfahrtmöglichkeiten zum Arabella Airport Hotel in Düsseldorf. Lesen Sie die Anweisungen.

b Beschreiben Sie einem/einer deutschsprachigen Kollegen/Kollegin (Partner/in), der/die bald zu Besuch kommt entweder mündlich oder schriftlich, wie er/sie mit dem Auto bzw. mit der Bahn oder mit dem Bus Ihre Firma (oder Ihr Haus oder ein Hotel in der Nähe von Ihnen) erreicht.

c Beschreiben Sie ihm/ihr auch, wie er/sie von Ihnen zum nächsten Flughafen kommt.

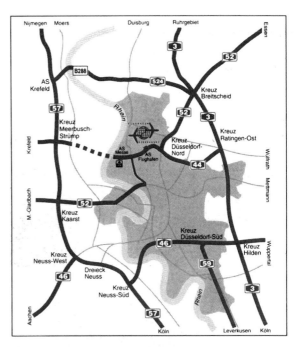

GENIAL ZENTRAL – DIE LAGE

S-Bahn: Vom Hauptbahnhof aus mit der S7 in 12 Minuten zum Flughafen. Über die Autobahn, aus Norden kommend, wechseln Sie am Kreuz Düsseldorf Nord von der A52 auf die A44 Richtung Flughafen. Von der A44 nehmen Sie die Ausfahrt 31 Flughafen/Lichtenbroich und folgen der Ausschilderung „Hotel". Von der Autobahn aus südlicher Richtung: Von der A3/E35 nehmen Sie die Ausfahrt 17 Flughafen/Velbert/ Ratingen auf die A44. Diese führt direkt zum Rhein-Ruhr- Flughafen – ins Arabella Airport Hotel Düsseldorf.

8 Below are some travel instructions taken from a *Deutsche Bundesbahn* publication. Match the following German expressions to their English equivalent.

(*a*) Linie   straight ahead
(*b*) stündlich   tram
(*c*) alle 20 Min.   main station
(*d*) Straßenbahn   hourly
(*e*) Flughafenbus   regular service
(*f*) geradeaus   duration of joumey
(*g*) (Bus)haltestelle   every 20 minutes
(*h*) Hbf   airport bus
(*i*) Takt-Verkehr   bus stop
(*j*) Fahrzeit   route
(*k*) Zugang   signposted
(*l*) ausgeschildert   daytime traffic
(*m*) Tagesverkehr   access
(*n*) oberirdisch   airport bus
(*o*) Hinweisschild   above ground
(*p*) verkehrt   signpost

Flughafen	vom Bahnhof	Verbindungen zum Flug	Hinweise zur Abfahrtsstelle	Taktverkehr*	Fahrzeit
Berlin-Tegel	Bf Berlin Zoologischer Garten	Buslinie 109 oder Airport-Express-Buslinie X9	Bf-Hauptausgang: Hardenbergplatz Piktogramm: ✈	alle 10–20 Min.	ca. 30 Min.
Berlin-Schönefeld	Bf Flughafen Berlin-Schönefeld	Airport-Shuttle-Bus	Zugang zur Bushaltestelle durch Bahnsteig-verbindungsgang, Piktogramm: ✈	alle 10 Min.	ca. 1 Min.
Köln/Bonn	Bf Bonn	Buslinie 670 (Verkehrsverbund Rhein-Sieg GmbH)	Hbf-Ausgang: rechts Busbahnhof, Piktogramm: ✈	alle 20/30 Min.	ca. 30 Min.
Bremen	Bf Bremen Hbf	Straßenbahnlinie 5 (Bremer Straßenbahn AG)	Bahnhofsvorplatz „Flughafen" auf Straßenbahn ausgeschildert	alle 10/20 Min.	ca. 14 Min.
Dresden	Bf Dresden Hbf	Sonderbuslinie „Airport-City-Liner"	Hans-Dankner-Str./Wiener Platz (Hinweisschilder, 3 Min. v. Hbf) Piktogramm: ✈	Tagesverkehr: alle 20 Min., Frühverkehr/ Sa/So: 30–60 Min.	ca. 30 Min.
Düsseldorf	Bf Düsseldorf	S-Bahn (S7)	Piktogramm: ✈	alle 20 Min.	ca. 12 Min.
Frankfurt/M.	Bf Frankfurt/M. Hbf	direkte EC/IC-Anbindung (Ruhrgebiet–München/Wien) S-Bahn von Frankfurt, Mainz, Wiesbaden; „Flughafen-Shuttle" (S-Bahn)	Piktogramm: ✈ S8 verkehrt ab Frankfurt/Hbf (tief) Shuttle verkehrt ab Frankfurt/Hbf Fernbahngleise 20 und 21	EC/IC-Züge stündlich; S8 von Frankfurt Hbf alle 15–30 Min.	ca. 11 Min.
Halle/Leipzig	Bf Halle (Saale) Hbf	Flughafenzubringerbus S 300	Hbf-Ausgang zum Bahnhofsvorplatz, in der Delitzer Straße vor den Bahnhofs-brücken	Tagesverkehr: alle 30 Min.; Früh-, Spät- u. Nachtverkehr: stündlich	ca. 25–35 Min.
Hamburg	Bf Hamburg Hbf	Airport-City-Bus (Jasper Rund- und Gesellschaftsreisen GmbH) S- oder U-Bahn bis Bf Ohlsdorf, von dort HVV-Airport-Express (Buslinie 110)	Hbf-Ausgang: Kirchenallee/Hachmannplatz Piktogramm: ✈ Bahnhof Ohlsdorf Piktogramm: ✈	alle 20 Min. alle 10 Min.	ca. 30 Min.
Hannover	Bf Hannover Hbf	Flughafenbuslinie 60	Hbf-Ausgang: Raschplatz Piktogramm: ✈	alle 20 Min.; Sa/So alle 30 Min.	ca. 20 Min.
Köln/Bonn	Bf Köln Hbf	Buslinie 170 (Verkehrsverbund Rhein-Sieg GmbH)	Hbf-Ausgang: Breslauer Platz/Busbahnhof/ Bushaltestelle 4, Piktogramm: ✈	alle 15–30 Min.	ca. 20 Min.
Halle/Leipzig	Bf Leipzig Hbf	Flughafenzubringerbus	Hbf: Mittelausgang, Richtung Willi-Brandt-Platz (Hinweisschilder)	alle 30 Min.	ca. 30 Min.
München	Bf München Hbf Bf Freising	S-Bahn-Linie 8 MVV-Buslinie 635	Piktogramm: ✈	alle 20 Min. alle 20–30 Min.	ca. 40 Min. ca. 15 Min.
Münster/ Osnabrück	Bf Münster Hbf	Flughafen-Express-Linie 150 (FMO-Express)	Hbf-Hauptausgang: Berliner Platz Bussteig B1	alle 60 Min.	ca. 30 Min.
Nürnberg	Bf Nürnberg Hbf	U2 bis U-Bahnhof Herrnhütte, von dort mit City-Express-Airport (Buslinie 20)	Piktogramm: Flughafenbuslinie 20 Bushaltestelle (oberirdisch) beim U-Bahnhof Herrnhütte	Mo–Sa: alle 20 Min. Randlagen/So: alle 40 Min.	ca. 15 Min.
Stuttgart	Bf Stuttgart Hbf	S-Bahn-Linie 2 und 3	Piktogramm: ✈, Hauptbahnhof (tief)	alle 10–20 Min.	ca. 25 Min.

Es gelten die Tarif- und Beförderungsbedingungen der jeweiligen Verkehrsunternehmen.

* Es gelten die jeweils örtlichen Fahrpläne (Einschränkungen in den Morgen-, Abend- und Nachtstunden sowie an Wochenenden und Feiertagen).

9 Zusammen mit einem Kollegen/einer Kollegin mieten Sie ein Auto. Der Autovermieter gibt Ihnen nachher einen Fragebogen zum Ausfüllen. Diskutieren Sie mit einem/einer Partner/Partnerin, welche Kästen Sie ankreuzen sollten.

Nützliche Ausdrücke

- die Radio-Cassette
- das Schiebedach
- die Zentralverriegelung
- die Klima-Anlage
- die Warmanlage
- das Autotelefon
- eng
- bequem

- teuer
- preiswert
- gute Qualität
- sauber
- der Innenraum
- mangelhaft
- hervorragend
- viel/wenig Platz

Bitte teilen Sie uns Ihren Eindruck mit:

	ausgezeichnet	gut	ausreichend	schlecht
Sicherheit	❑	❑	❑	❑
Ausstattung	❑	❑	❑	❑
Design	❑	❑	❑	❑
Komfort	❑	❑	❑	❑
Preis-Leistungsverhältnis	❑	❑	❑	❑
Geräumigkeit	❑	❑	❑	❑
Qualität/Verarbeitung	❑	❑	❑	❑

Ihr allgemeiner Eindruck vom Fahrzeug:

_____

_____

_____

Modellversion, die Sie gerade gefahren haben:

_____

Geschlecht: ❑ männlich   ❑ weiblich
Alter: ❑ unter 30   ❑ 30–39
                     ❑ 40–49   ❑ 50 und älter

Beruf: _____

10 Sie hören folgendes Gespräch in einem Reisebüro. Machen Sie anhand des folgenden Flugplans weitere Dialoge.

Nützliche Ausdrücke

- Die geht täglich außer samstags.
- Ich möchte etwas früher/später fliegen.
- Das ist leider nicht möglich.
- Können Sie mir einen Platz reservieren?
- Die Maschine ist voll.
- Abflugszeit 7.30 Uhr.
- Ankunftszeit 8.40 Uhr.
- Sie müssen in eine andere Maschine umsteigen.

Frankfurt (FRA) – München (MUC)

Verkehrstag	ab	an	Flug-Nummer	Flugzeug-Typ	Verkehrszeiten
Do	17.45 – 18.45		Lt 6802	A 330	07.11. – 24.04.

Hamburg (HAM) – Düsseldorf (DUS)

Verkehrstag	ab	an	Flug-Nummer	Flugzeug-Typ	Verkehrszeiten
Mo	06.25 – 07.30		LT 2403	B 757	04.11. – 28.04.
Di	07.40. – 08.45		LT 2407	B 757	05.11. – 29.04.
Mi	06.55 – 08.00		LT 2405	B 757	06.11. – 30.04.
Do	06.25 – 07.30		LT 2403	B757	07.11. – 24.04.

München (MUC) – Frankfurt (FRA)

Verkehrstag	ab	an	Flug-Nummer	Flugzeug-Typ	Verkehrszeiten
Fr	15.15 – 16.25		LT 8603	A 330	08.11. – 25.04.

Düsseldorf (DUS) – Hamburg (HAM)

Verkehrstag	ab	an	Flug-Nummer	Flugzeug-Typ	Verkehrszeiten
Mo	09.35 – 10.35		LT 4206	B 757	04.11. – 28.04.
Di	21.00 – 22.00		LT 4210	B 757	04.11. – 28.04.
Mi	10.00 – 11.00		LT 4208	B 757	05.11. – 29.04.
Do	09.00 –10.00		LT 4204	B757	06.11. – 30.04.

11 You have arranged to meet a German colleague, and so you give him the number plate of the car which you have hired.

Here is your number plate. What would you say to him?

How would you express these other number plates in German?

Auf der Messe

12 James Richardson, Stahlproduzent, und zwei Geschäftsleute aus der Schweiz sind auf der Messe in Zürich und besprechen ihre zukünftigen Geschäftsverbindungen.

Koch	Guten Tag, Koch von der Firma Koch-Uhrengehäuse.
Richardson	Guten Tag. Richardson.
Koch	Darf ich Ihnen meine Kollegin, Frau Stölzl, vorstellen?
Richardson	Guten Tag, Frau Stölzl.
Stölzl	Guten Tag, Mr Richardson. Es freut mich Sie kennenzulernen.
Koch	Wir sind gerade dabei uns als Hersteller von Uhrengehäusen zu etablieren und suchen zur Zeit Lieferanten von verschiedenen geeigneten Stahlsorten.
Richardson	Unsere Broschüren geben Ihnen einen Überblick über unser Programm und die Qualitäten, die für Ihre Anwendung geeignet sind. Diese Broschüre hier über rostfreie Stähle wäre für Sie besonders interessant. Hier sehen Sie auch einige Musterstücke.
Koch	Danke schön. Haben Sie noch andere Kunden in der Schweiz?
Richardson	Ja, mehrere sogar.
Stölzl	Aber im Ausland haben Sie keine Fabrik, oder?
Richardson	Nein, es wird alles in England hergestellt, aber wir sind in vielen Ländern vertreten. Ich empfehle Ihnen mit unserem schweizerischen Vertreter zu sprechen. Er kommt morgen zur Messe, andernfalls könnte er sich mit Ihnen in Verbindung setzen. Sie können mit ihm die technischen Einzelheiten, wie Mengenbedarf, Preise usw. besprechen.
Koch	Wenn ich das gewusst hätte, wäre ich morgen gekommen. Ich gebe Ihnen meine Visitenkarte und hoffe bald mit Ihrem Vertreter sprechen zu können.

13 Sie übernehmen die Rolle von Herrn Koch. Berichten Sie Ihrem Kollegen (einem/einer Partner/in) etwas über Ihr Gespräch auf der Messe, z.B., wen Sie kennen gelernt haben, was für Informationen Sie bekommen haben und was Sie jetzt vorhaben.

14 Rollenspiel

A   Ihre Firma stellt auf einer deutschen Messe aus. Ein/e Kunde/Kundin stellt sich vor und will Verschiedenes über Ihr Geschäft wissen.

B   Übernehmen Sie die Rolle des/der Kunden/Kundin. Erkundigen Sie sich nach der Möglichkeit Produkte von Ihrem/Ihrer Gesprächspartner/in zu importieren. Sagen Sie, was Sie brauchen, dann stellen Sie Fragen über Produkte, Lieferungen, Vertretung in Ihrem Land usw.

15 Hörverständnis

 While you are in Germany at a business conference some announcements are made about forthcoming trade fairs.

(*a*)   What do you learn about the size of the CeBIT fair? How many visitors are expected?

(*b*)   What does the speaker say about the *ispo* Spring fair? How many square metres did it cover? Is *ispo* open to the public?

(*c*)   Which two themes will play an important role at *autotechnica*?

(*d*)   Why has the *Leipziger Frühjahrsmesse* had to change its form? Which three themes will be covered in the current year?

16 While in Germany on business you are invited by the local *Handelsschule* to give a presentation on your company. With the help of visual displays, where appropriate, provide your audience with details of your company. You could include some of the following points:

(*a*)   Company (*Gesellschaft*)
Location of head office (*Hauptsitz*)
Other offices (*Büros*), factories (*Fabriken*), branches (*Zweigniederlassungen*)
Imports/exports (*Einfuhrwaren/Ausfuhrwaren*)
Number of employees (*Beschäftigtenzahl*), white-collar workers (*Angestellte*), workers (*Arbeiter/innen*)

(*b*)   Product range (*Warenpalette*)
Applications (*Anwendungen*)

(*c*)   Agents abroad (*ausländische Vertretung*)
Agents' duties (*Aufgaben*), for example: supplying quotations (*Angebote/Offerten*), passing on orders (*Aufträge/Bestellungen*), after-sales service/back-up (*Kundendienst*)

(*d*) Research and development (*Forschung und Entwicklung*)
Quality improvement (*Qualitätsverbesserung*)
Development of new products (*Entwicklung von neuen Produkten*)
Fulfilling responsibilities towards customers (*Verpflichtungen gegenüber Kunden erfüllen*)

Summary of language forms

1 Conditional clauses

(a) The conditional tense

This is used to express doubt as to whether an action will happen. A *wenn*-clause must be included or understood to be in the sentence. The conditional is formed by using *würde* and the infinitive.

Ich *würde* Ihnen meine Ankunftszeit *mitteilen*, wenn ich könnte.
I would tell you my arrival time if I could.

(b) The imperfect subjunctive

Irregular verbs add an umlaut to the imperfect indicative where this is possible.

Haben ⟶ hätte

ich hätt*e*	wir hätt*en*
du hätt*est*	ihr hätt*et*
Sie hätt*en*	Sie hätt*en*
er ⎫	Sie hätt*en*
sie ⎬ hätt*e*	
es ⎭	

müssen ⟶ müsste
werden ⟶ würde
gehen ⟶ ginge

Conditional clauses are usually expressed by the imperfect subjunctive when *haben, sein* or modal verbs are used.

Wenn ich Zeit *hätte*, würde ich übers Wochenende bleiben.
If I had the time, I would stay over the weekend.

Note the alternative word order in the following sentences:

Wenn ich Zeit hätte, würde ich diese Woche Urlaub nehmen.

or

Hätte ich Zeit, (so) würde ich diese Woche Urlaub nehmen.
If I had time, I would take a holiday this week.

Wenn das Wetter schön wäre, würden wir ausgehen.

or

Wäre das Wetter schön, (so) würden wir ausgehen.
If the weather were nice, we would go out.

(c) The perfect conditional tense

This is formed by using the imperfect subjunctive of *haben* or *sein* and a past participle.

Wenn ich das *gewusst hätte, wäre* ich morgen *gekommen.*
If I had known that, I would have come tomorrow.

Where a modal verb is included in a perfect conditional sentence, the past participle and the modal verb are expressed in the infinitive.

Examples   Wenn wir Zeit gehabt hätten, hätten wir die Altstadt besichtigt.
If we had had time, we would have visited the old town.
Wenn wir Zeit gehabt hätten, hätten wir die Altstadt besichtigen können.
If we had had time, we would have been able to visit the old town.

Wenn ich das gewusst hätte, wäre ich früher gekommen.
If I had known that, I would have come sooner.
Wenn ich das gewusst hätte, hätte ich früher kommen können.
If I had known that, I would have been able to come sooner.

Additional exercises

1   Complete the following conditional sentences by replacing the infinitives in brackets with the correct form of the verb.

Example   Wenn es möglich (sein), würde ich einen Wagen mieten.
Wenn es möglich wäre, würde ich einen Wagen mieten.

(a) Wenn wir mehr Zeit (haben), könnten wir zur Messe gehen.
(b) Wenn Sie kommen (können), würden wir uns freuen.
(c) Wenn unser schweizerischer Vertreter hier (sein), würden wir diese Angelegenheit (besprechen).
(d) Sie könnten unseren Verkaufsleiter kennen lernen, wenn Sie Lust (haben).
(e) Ich würde bis nächsten Montag bleiben, wenn ich nicht so viel zu tun (haben).
(f) Würdest du nach Deutschland fahren, wenn du die Gelegenheit (haben)?
(g) Ich würde einen größeren Auftrag erteilen, wenn ich (dürfen).
(h) Wir würden einen Opel mieten, wenn wir wirklich (müssen).

    (*i*) Wir wären Ihnen sehr dankbar, wenn Sie uns weitere Informationen schicken (können).

    (*j*) Wenn ihr Lust (haben), könnten wir die Sehenswürdigkeiten besichtigen.

2   Express the following sentences using the alternative word order.

    Example Wenn ich mehr Geld hätte, würde ich einen neuen Computer kaufen.

               Hätte ich mehr Geld, würde ich einen neuen Computer kaufen.

    (*a*) Wenn die Auto-Vermietung einen BMW hätte, würde ich ihn bestimmt mieten.

    (*b*) Wenn es wärmer wäre, könnten wir das Schiebedach aufmachen.

    (*c*) Wenn Sie diese Waren schriftlich bestellen könnten, wären wir Ihnen sehr dankbar.

    (*d*) Wenn der Bus bald käme, würden wir pünktlich ankommen.

    (*e*) Wenn Sie am 14. frei wären, würden wir uns sehr freuen.

    (*f*) Der 20. Juli wäre für mich am günstigsten, wenn Sie das schaffen könnten.

    (*g*) Wenn Sie nach Frankfurt kämen, könnten wir Sie dort abholen.

    (*h*) Wenn Sie Lust hätten, könnten wir Sie dort abholen.

3   Translate the following sentences into English.

    (*a*) Wenn Sie diese Prüfung bestanden hätten, hätten Sie sich um diese Stelle bewerben können.

    (*b*) Wenn ich Frau Keppler jetzt nicht erreicht hätte, hätte ich es später noch einmal versuchen müssen.

    (*c*) Wenn Sie diesen Bericht nicht fertig geschrieben hätten, hätten Sie es morgen machen müssen.

    (*d*) Wenn Sie keine Versicherung gehabt hätten, hätten Sie hier nicht arbeiten können.

    (*e*) Wenn wir keine Pappkartons gehabt hätten, hätten wir Paletten benutzen müssen.

    (*f*) Wenn mein Chef nicht in Urlaub wäre, hätten Sie mit ihm sprechen können.

    (*g*) Wenn die italienische Vertreterin gekommen wäre, hätten Sie sie kennen lernen können.

    (*h*) Wenn die Waren nicht gekommen wären, hätten wir uns beschweren müssen.

    (*i*) Wenn die Gäste mehr Interesse gezeigt hätten, hätten wir Zeit gehabt die Sache weiter zu diskutieren.

    (*j*) Wenn wir unsere Arbeit fertig gemacht hätten, hätten wir etwas früher nach Hause gehen können.

4   Translate these statements into German.

(*a*) Get S-Bahn number 70 and go straight to the airport.
(*b*) Leave the motorway at the Cologne exit.
(*c*) If you are coming from the south, take the A52 to the airport.
(*d*) The trains leave every 20 minutes.
(*e*) I have to fly to Berlin tomorrow.
(*f*) Do you want to go to the trade fair in the morning or afternoon?
(*g*) I would go in the morning if I could, but I cannot.
(*h*) This brochure gives you an idea of our range of goods.

5   The two halves of the following statements are mismatched. Match them up correctly.

(*a*) Der Bus fährt...   (1) gehört meiner Firma.
(*b*) Nächste Woche kann...   (2) mit dem ich sprechen könnte?
(*c*) Wenn Sie im Juni kämen...   (3) viel zu tun.
(*d*) Das Gebäude, das Sie dort sehen... (4) könnten wir zur Messe gehen.
(*e*) Haben Sie einen Vertreter...   (5) ich nicht kommen.
(*f*) Wir haben im Moment...   (6) um 8.20.

Kapitel 8

Unterhaltung und Freizeit

Was machen wir morgen abend?

1 Eine informelle Einladung

Zwei Kollegen besprechen, was sie am Wochenende unternehmen können.

Dieter Hast du fürs Wochenende etwas vor?
Petra Nein, gar nichts.
Dieter Hättest du Lust mit uns morgen abend auszugehen?
Petra Wohin denn?
Dieter Ins Kino zum Beispiel.
Petra Danke, aber ins Kino habe ich keine Lust.
Dieter Wir könnten ins Konzert gehen.

Petra	Das wäre schön. Was steht auf dem Programm?
Dieter	Musik von Beethoven und Strauß mit Kurt Masur als Dirigent.
Petra	Danach könnten wir noch etwas essen gehen.
Dieter	Prima, ich freue mich schon darauf.
Petra	Wo soll ich euch treffen?
Dieter	Weißt du, wo die Konzerthalle ist?
Petra	Ja sicher.
Dieter	Wir treffen dich um halb acht am Eingang.
Petra	Gut, bis morgen.
Dieter	Tschüs.
Petra	Tschüs.

Jahrhunderthalle in Höchst

Wichtige Ausdrücke

Das finde ich sehr/höchst (un)interessant.
Das gefällt mir sehr gut/überhaupt nicht.
Dazu habe ich keine Lust.
Das wäre nicht (so) gut.
Das Essen schmeckt wunderbar/furchtbar.
Das würde sehr viel/überhaupt keinen Spaß machen.
Solche Musik höre ich (nicht) gern.
heute
heute Nachmittag/Abend
morgen
morgen früh
übermorgen
am Samstag
am Wochenende
morgens
nachmittags
abends
nachts

2 Machen Sie mit einem/einer Partner/in Vorschläge und antworten Sie.

Beispiel ● Gehen wir heute abend ins Theater?

　　　　　 ■ Ja, das wäre eine gute Idee.

3 Your boss is planning a business trip to Munich from 11-15 December and has asked you to select some possible leisure activities. Evenings will in the main be free and the final afternoon may also be free if business is completed by then. Suggest some suitable activities from the following advertisements.

(*a*) Your boss is Tom Newman. He enjoys eating foreign food and likes most types of music, including jazz and classical music. He takes an interest in football, both as a player and spectator.

(*b*) Your boss is Isabel Heaton. She speaks good German. While in Munich she would like to see some architecturally interesting buildings, and is also interested in art. She likes going to the theatre and opera, and enjoys German food. She would also like to find time for a swim.

(*c*) Imagine you are going on a similar trip yourself. Plan how you would spend your free time. Tell the rest of the group about your plans.

RESTAURANTS

Garmischer Hof

* **DAS bayrische Restaurant**
* **kein Ruhetag – durchgehend warme Küche (10–22 Uhr)**
* **täglich riesiges Salatbüffet**
* **Biergarten**

Hinterbärenbadstraße 28, 81373 München
Telefon 0 89/7 60 18 11

ITAL. SPEZIALITÄTEN-RESTAURANT

ROSSI

INH MASSIMO ROSSI

● erlesene Weine, gepflegte Atmosphäre
● wöchentlich frisches Fischangebot
● hausgemachte Nudeln
● Nähe Hotel Vier Jahreszeiten, 1 Min. vom Hotel am Platz'l.

Brauhausstr 6, 81512 München
Tel. (089) 22 77 35, 29 59 86
Mo.–Fr. 11.30–14.30 18.00–23.00 Uhr
Sa. u. Feiertage 18.00–23.00 Sonntag Ruhetag

THEATERPROGRAMM

11.12	**Lohengrin**	18.00 Uhr
12.12	**Don Giovanni** von W.A. Mozart	19.00 Uhr
13.12	**Die lustigen Weiber**	
	von Windsor	19.00 Uhr
14.12	**Don Giovanni**	19.00 Uhr
15.12	**Aida**	19.00 Uhr

Schauspielhaus
Hildegardstr. 1, 81925 München. Tel. 23 72 10

11.12	**Der Theatermacher**	
	von Thomas Bernhard	20.00 Uhr
12.12	**John Gabriel Borkman**	20.00 Uhr
13.12	**Die Frau vom Meer**	19.30 Uhr
14.12	**Und Pippa tanzt**	19.30 Uhr
15.12	**Die Frau vom Meer**	19.30 Uhr

SEHENSWÜRDIGKEITEN

Blutenburg
Pipper-/Verdistraße, Schoßkapelle, Jungendbibliothek, Konzerte, S-Bahn Obermenzing, Bus 73, tägl. 9.00–17.00 Uhr.

Neues Rathaus,
Marienplatz, neugotischer Bau, die prunkvolle Architektur ist von Georg v. Hauberisser. Die Hauptfassade zeigt bay. Könige, Kurfürsten, Fürsten und Münchner Originale. Täglich 11.00 Uhr Glockenspiel und Schäfflertanz vom Rathausturm.

KULTUR

Deutsches Museum　　　　　　　　　　　　　　Ludwigsbrücke
1903 von Oskar von Miller gegründet, ist das bedeutendste Museum für Technik und Naturwissenschaften; täglich von 9.00–17.00 Uhr, S-Bahn

Haus der Kunst　　　　　　　　　　　　　　Prinzregentenstraße 1
Kunstausstellungen;
tägl. von 9.30–18.00 Uhr, Donnerstag 9.30–21.00 Uhr, Bus 53, 55
MÜNCHNER KONZERTDIREKTION
Hörtnagel GMBH
Tel. 089/98 69 33
Montag. 4. 12., 20 Uhr, Philharmonie
4. Abend Meisterinterpreten
M. André, Trompete. **H. Bilgram** Orgel
Donnerstag, 7. 12., 20 Uhr, Herkulessaal
Sonderkonzert **Musica Bohemia Prag**
So., 17.12., 11 Uhr, Prinzregententheater
Matineé Sonderkonzert
G. Kremer, Violine, **V. Afanassiev,** Klavier

MÜNCHNER OLYMPIA-PARK

Olympiastadion
Samstag, 2. Dezember　　　　　　　　　　　　　　15.30 Uhr
FC Bayern – Borussia Mönchengladbach
Dienstag/Mittwoch, 12/13. Dezember
DFP-Pokal möglich, Einzelheiten siehe Tagespresse　　20.00 Uhr
Samstag, 16. Dezember
FC Bayern – Karlsruher SC　　　　　　　　　　　　15.30 Uhr

Olympia-Schwimmhalle
Öffnungszeiten:

Montag,	10.00–22.30 Uhr
Dienstag, Donnerstag,	7.00–18.00 Uhr
Mittwoch, Freitag–Sonntag,	7.00–22.30 Uhr

Die Olympia-Schwimmhalle ist am 24.u. 31.12. bis 16.00 Uhr und an den übrigen Feiertagen zu den üblichen Zeiten geöffnet.

VERANSTALTUNGEN

09.12.	**Alpenländisches Adventsingen,**
	L. Thoma: "Heilige Nacht" m. Toni Berger,
	Herkulessaal Residenz (15 Uhr)
	Ungarische Tanzfolklore, Theater in der Leopoldstraße
10.12.	**Bell'Arte Weihnachtliche Barockmusik,**
	Philharmonie im Gasteig (15 Uhr)
	Weinachtssingen des Münchner Motettenchores,
	Matthäuskirche
	Familienweihnachtssingen mit Caroline Reiber, Markuskirche
11.12.	**Daniel Barenboim (Klavier),** Philharmonie im Gasteig
	Ten Years After, Kongresssaal des Deutschen Museums
12.12.	**J. S. Bach: Weihnachtsoratorium, 1. Teil,**
	Philharmonie im Gasteig
13.–16.12.	**5. Münchner Big Band Meeting,** Carl-Orff-Saal im Gasteig
14.12.	**Alexej Sultanow (Klavier),** Herkulessaal der Residenz
	Salzburger Kammerorchester, Max-Joseph-Saal, Residenz
15.12.	**Weihnachtskonzert,** Städt. Galerie im Lenbachhaus
	Orgelmusik zum Advent, K. Köppelmann, Erlöserkirche

4 Rollenspiel

A Ein/e deutschsprachige/r Besucher/in verbringt einige Zeit bei Ihrer
Firma. Fragen Sie ihn/sie, ob er/sie für heute abend etwas vorhat.
Wenn nicht, laden Sie ihn/sie ein. Besprechen Sie, was Sie
unternehmen können, und wo Sie sich am besten treffen.

B Übernehmen Sie die Rolle des/der deutschen Besuchers/Besucherin.
Nehmen Sie die Einladung Ihres/Ihrer englischen Kollegen/Kollegin an
und äußern Sie sich zu seinen/ihren Vorschlägen.

Wir laden Sie herzlichst ein

5 Formelle Einladungen

Die Firma Maschinen Neumann lädt Sie zu einer Präsentation ihrer
neuesten Personal-Computer am Dienstag, dem 11. April, um 12.00 ein.
Erfrischungen werden gereicht.

Mozartstraße 19
30173 Hannover

```
Wir danken Ihnen für Ihre Einladung zur
Präsentation Ihrer Personal-Computer. Unsere
Mitarbeiterin, Frau B. Rademacher, wird unsere
Firma vertreten.
     Nagel KG
     Elbuferstraße 10
     21502 Geesthacht
```

Schuhmann AG
Konrad-Adenauer-Ufer 91
50668 Köln

Anlässlich der Eröffnung unserer neuen Büroräume laden wir ein:

Herrn A. Müller und Kollegen
Donnerstag, den 18. Oktober, 17.00 Uhr

Erfrischungen

Herr A. Müller dankt für die Einladung am 18.
Oktober. Leider ist er geschäftlich verhindert.
Eventuell wird einer seiner Kollegen zu Ihrer
Eröffnung kommen. Näheres teilen wir Ihnen
telefonisch mit.
Thomas Wegener & Co.
        Hohe Straße 87
        50668 KÖLN

6 Hörverständnis

 Sie hören vier Gespräche auf Kassette. Notieren Sie, wofür die Einladungen sind, Datum, Uhrzeit, besondere Attraktion und schließlich, ob die Einladungen angenommen werden.

7 Schreiben Sie eine Einladung an einen Kunden/eine Kundin:

   (*a*) Weisen Sie auf Ihren Messestand hin. Ihre Waren sind dort zu besichtigen. Erfrischungen werden gereicht.
   (*b*) Zu einem festlichen Essen in einem Verlag anlässlich des Erscheinens eines Buches.
   (*c*) Zu einer Veranstaltung der Firma oder Organisation, bei der Sie arbeiten.

Machen Sie alle nötigen Angaben über Datum, Zeitpunkt, Ort usw. Geben Sie Ihre Einladung an eine/n Partner/in, und bitten Sie ihn/sie um eine schriftliche Antwort.

Smalltalk

Wichtige Ausdrücke

Wie heißen Sie mit Vornamen?
Bei welchem Unternehmen arbeiten Sie?
Wie gefällt es Ihnen hier?
Wie lange sind Sie schon hier?
Wo wohnen Sie eigentlich?
Woher kommen Sie?
Was für ein Ort ist das?
Was sind Sie von Beruf?
Wofür interessieren Sie sich?

8 Rollenspiel

Sie sind auf einer Veranstaltung und sprechen gerade mit einem anderen Gast (einem/einer Partner/in). Sie unterhalten sich über Ihre Arbeit, Ihre Firma/Organisation, Ihren Wohnort, Ihre Hobbys usw.

9 Sie erwarten Besuch aus Deutschland. Vorher schreiben Sie in einem Brief an die Gäste über Sehenswürdigkeiten Ihrer Stadt und der Umgebung.

10 Hörverständnis

 While in Germany on business you have some time to spare and ring the tourist office for information on places of interest. The response to your call consists of a pre-recorded message. Listen to the message, then answer the questions below in English.

(*a*) Where is the tourist information office?
(*b*) At what times is it open to the public?
(*c*) What does the message say about the theatre and cinemas?
(*d*) Name four places of interest to sportsmen and women.
(*e*) Are there many places to visit for those interested in history?
(*f*) What is recommended for families in particular?

Summary of language forms

1 (a) Personal pronouns and prepositions

A pronoun and preposition often merge to form a new word if they stand next to each other. In each case the pronoun is substituted by *da* (*dar* if the preposition begins with a vowel) and is immediately followed by the preposition concerned.

Nach dem Konzert könnten wir noch essen gehen.
Danach könnten wir essen gehen.
Ich freue mich auf den Abend.
Ich freue mich *darauf.*

(b) Interrogative pronouns and prepositions

The *da(r)/wo(r)* and preposition construction is used for things, not people.

Womit schreiben Sie? Mit einem Bleistift.
Woran denken Sie? An meinen Urlaub.
Mit wem gehen Sie ins Kino? Mit meinem Kollegen.
An wen denken Sie? An meine Freundin.

2   Interrogatives

Wo, wohin and *woher*

Wohin always implies movement away from the speaker. *Woher* implies movement towards the speaker. *Wo* does not imply movement at all.

Hättest du Lust mit uns morgen auszugehen? *Wohin* denn?

Woher kommen Sie?

Wo soll ich euch treffen?

Additional exercises

1   Replace the nouns in italics by the prepositional form.

Example   Ich freue mich auf *Ihren Besuch*.
Ich freue mich *darauf*.

(*a*)   Wir hoffen *auf gutes Wetter*.
(*b*)   Die Bank ist *neben der Post*.
(*c*)   Sind Sie *mit dieser Maschine* fertig?
(*d*)   Freust Du Dich *auf die Modeausstellung?*
(*e*)   Haben Sie keine Lust *zum Tanzen?*
(*f*)   Wir treffen uns *vor der Konzerthalle*.
(*g*)   Meine Kollegin interessiert sich sehr *für Sport*.
(*h*)   Wir haben *von Frau Steinert* eine Karte bekommen.
(*i*)   Dieser Brief ist *für den Verkaufsdirektor*.
(*j*)   Setzen Sie sich bitte *neben meinen Kollegen* (singular).
(*k*)   Was steht auf *dem Programm?*
(*l*)   Er fragt nach *dem neuen Buch*.
(*m*)   Wir laden Sie zu *unserer Präsentation* ein.
(*n*)   Sie bekommen sehr viel für *Ihr Geld*.
(*o*)   Ich bin mit *den Waren* zufrieden.

2   Using *wo/r* and a preposition or a preposition linked to the appropriate form of *wer*, form questions to elicit the following answers.

Example   Ich interessiere mich für Fremdsprachen.
Wofür interessieren Sie sich?
Ich spreche mit meiner Kollegin Deutsch.
Mit wem sprichst du Deutsch?

(*a*)   Er freut sich auf morgen.
(*b*)   Ich fahre mit meinem Kollegen ins Theater.
(*c*)   Sie isst Fisch mit Nudeln.
(*d*)   Ich lache über dieses Buch.
(*e*)   Ich denke an meinen Urlaub.
(*f*)   Wir hoffen auf eine gute Woche.
(*g*)   Wir sitzen neben unserer Chefin.

(*h*) Mein Mann interessiert sich für Fußball.
(*i*) Ich denke an meine Kinder.
(*j*) Das Päckchen ist von Herrn Schwarz.

3 Complete the following sentences with *wo, woher* or *wohin*.
(*a*) _____ kommen Sie?
(*b*) _____ wohnen Sie?
(*c*) _____ gehen wir heute abend?
(*d*) _____ schicken wir diesen Brief?
(*e*) _____ haben Sie diese Information?
(*f*) _____ treffen wir uns?

Kapitel 9

Telefon, Telefax und Bildschirmtext

Am Telefon

Wichtige Ausdrücke

ein Handy

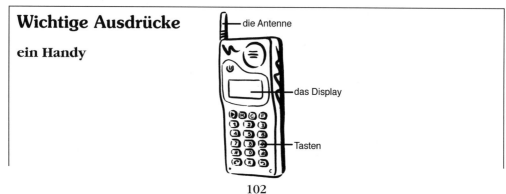

die Antenne

das Display

Tasten

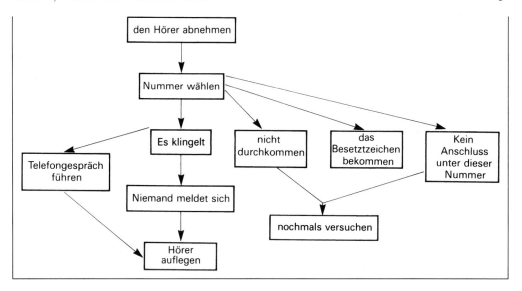

1 Die Firma Schüller AG bekommt jeden Tag sehr viele Anrufe.

Telefonist	Schüller AG. Guten Tag.
Koch	Guten Tag. Kann ich bitte Herrn Schneider sprechen?
Telefonist	Moment bitte. Ich verbinde.
Schneider	Schneider.
Koch	Guten Tag, Herr Schneider. Koch von der Firma Lohmann.

Jaeger	Grüß Gott. Ich möchte bitte Frau Meyer sprechen.
Meyer	Am Apparat.
Jaeger	Ach, Frau Meyer. Hier Jaeger.
Meyer	Grüß Gott, Herr Jaeger. Wie geht es Ihnen?
Jaeger	Danke gut. Und Ihnen?
Meyer	Mir geht's auch gut.

Reinsch	Guten Tag. Kann ich bitte Frau Schäfer sprechen?
Telefonistin	Tut mir Leid, sie ist im Moment nicht hier. Kann ich ihr etwas ausrichten?
Reinsch	Ich glaube nicht. Am besten rufe ich später zurück. Wann ist sie zu erreichen?
Telefonistin	Heute Nachmittag ist sie wieder da.

2 You phone a German company and get through to the switchboard. What do you say in German?

Telefonistin	Maschinenbau Klein, guten Tag.
Sie	(Greet the telephonist and ask to speak to Herr Klein.)
Telefonistin	Tut mir leid. Er ist heute nicht im Hause. Kann ich ihm irgend etwas ausrichten?

Sie	(Ask when he will be available.)
Telefonistin	Morgen früh erst.
Sie	(Say you will ring back tomorrow morning.)
Telefonistin	Normalerweise ist er ab 8.00 Uhr hier.
Sie	(Thank the telephonist for her help, and say good-bye.)

3 (*a*) | *Bauer* | Bauer, Vorzimmer Dr. Kramer. |
| *Pielke* | Ach, ich wollte eigentlich Frau Walther sprechen. |
| *Bauer* | Sie sind falsch verbunden. Ich verbinde Sie wieder mit der Zentrale. Bleiben Sie am Apparat. |

(*b*) | *Henkel* | Henkel. |
Rohr	Entschuldigung. Ist das 49 50 23?
Henkel	Nein, hier ist 49 60 23.
Rohr	Oh, das tut mir Leid.
Henkel	Das macht nichts. Auf Wiederhören.

(*c*) | *Springer* | Guten Tag. Kann ich bitte Herrn Müller sprechen? |
| *Scherling* | Er ist unter einer anderen Nummer zu erreichen. Moment, ich verbinde Sie weiter. |

(*d*) ... Kein Anschluss unter dieser Nummer.

(*e*) ... Die Rufnummer des Teilnehmers hat sich geändert. Die neue Nummer ist 24 58 73.

4 The telephonist at your company puts a call from a German company through to you. What do you say in German?

| *Hagemann* | Guten Tag, hier Hagemann. Kann ich bitte Frau Thompson sprechen? |

Sie	(Tell Herr Hagemann that your colleague, Mrs Thompson, is not available at present. Offer to give her a message.)
Hagemann	Danke, aber ich muss sie selbst sprechen. Wann ist sie wieder da?
Sie	(Say this afternoon from 2 o'clock onwards.)
Hagemann	Dann rufe ich später zurück. Kann ich auch Herrn Winters sprechen?
Sie	(Offer to put the caller through. Ask him to wait a moment.)

5 Ein Gespräch am Telefon

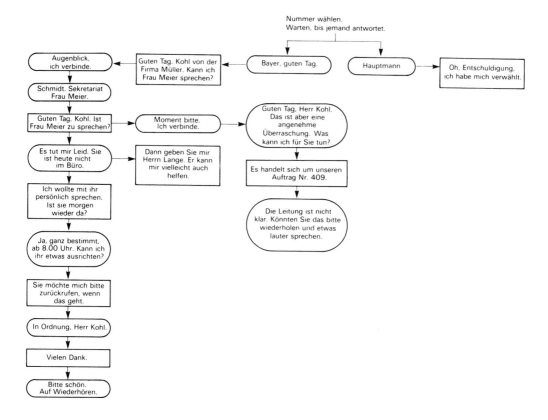

Find the German equivalent of the following:

(*a*) Can I speak to Frau Meyer?

(*b*) I am sorry, I have got the wrong number.

(*c*) I wanted to speak to her personally.

(*d*) I am sorry, she is not in the office today.

(*e*) Could you get her to ring me back, please.

(*f*) What a pleasant surprise.

(*g*) Could you repeat that please.

(*h*) Can I give her a message?

(*i*) What can I do for you?

(*j*) Could you speak a bit louder?

6 Frau Klein ist heute nicht zu sprechen. Suchen Sie für jeden Satz das passende Bild.

(a) Sie ist heute krank.   (e) Sie ist gerade in einer Sitzung.
(b) Sie ist gerade zu Tisch.   (f) Sie ist heute leider nicht im Büro.
(c) Sie ist im Urlaub.   (g) Sie ist verreist.
(d) Sie telefoniert gerade.

7 **Rollenspiele**

(a) **A**   You phone a German company and ask to speak to Frau Graf. You are told that she is not there, so you decide to ring back later. Ask when she will be available.

   B   Take the part of a telephonist at a German company. An English caller asks to speak to Frau Graf. Tell the caller she is not available at present, and offer to pass on a message. Say she will be back at 11.30.

(b) **A**   You make a call to a company in southern Germany, but find that you have been put through to the wrong extension.

   B   You receive a wrongly directed call, intended for one of your colleagues. Tell the caller he/she has the wrong extension and offer to transfer him/her to the correct extension. Ask the caller to wait a moment.

(c) **A**   You make a call to Germany but find you have got the wrong number. Apologise for your error.

   B   You receive a call not intended for you. Tell the caller he/she must have dialled the wrong number.

8   Deutschsprachige Besucher bei Ihrer Firma müssen Ihre Firma im Ausland
unter folgenden Rufnummern anrufen. Sagen Sie ihnen, wie man direkt
wählt.

	Fürs Ausland	Landeskennzahl	Vorwahlnummer
Salzburg	00	43	662
Bern	00	51	31
Luxemburg	00	352	–
Dresden	00	49	351
Kiel	00	49	431
Nürnberg	00	49	911

Beispiel   Um Nürnberg direkt anzuwählen wählen Sie zuerst 00 49 für die
Bundesrepublik, danach 911 für Nürnberg und dann die
Rufnummer. Wenn vor der Vorwahl eine 0 steht, müssen Sie
diese weglassen.

9   **Sind Sie telefonisch zu erreichen?**

 Hören Sie sich die Kassette an und schreiben Sie die Nummern auf.

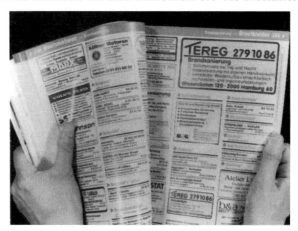

10   Beantworten Sie folgende Fragen.

(*a*)   Unter welcher Nummer sind Sie tagsüber zu erreichen?

(*b*)   Welche Telefonnummer hat Ihre Firma/Ihr Arbeitsplatz?

(*c*)   Was ist Ihre Privatnummer?

Können Sie das bitte buchstabieren?

(*d*)   Ihren Namen

(*e*)   Ihre Adresse

(*f*)   den Namen Ihrer Firma

(*g*)   die Adresse Ihrer Firma

Suchen Sie eine deutsche Adresse und diktieren Sie diese einem
Partner/einer Partnerin oder der Gruppe.

11 A German-speaking visitor wishes to know how to operate a public telephone in Britain. In German, explain what he has to do, then write your instructions down. Also tell the visitor about international enquiries and telephone cards.

Nützliche Ausdrücke

- die Telefonzelle
- Münze einwerfen
- Telefonkarte einstecken
- Geld zurückbekommen
- das Auslandsgespräch

- die Auslandsauskunft
- Warten Sie, bis...
- der Signalton klingelt
- nicht gleich auflegen
- durchkommen

12 You plan to travel to an appointment in Germany by train and need to phone some business contacts on the way. What information does this *Deutsche Bahn* leaflet give you about making telephone calls from the train?

ICE	IntercityExpress
IC	InterCity
EC	EuroCity
IR	InterRegio

Telefon im Zug

In Fernzügen sichert das Kartentelefon die Verbindung zur Außenwelt.

ICE: In allen Zügen gibt es je ein Telefon in der 1. und in der 2. Klasse. Jeder ICE hat eine eigene Telefonnummer, unter der Sie angerufen werden können. Die Rufnummern erfahren Sie über die Bahn-Auskunft unter 19 4 19.

IC/EC und IR: Auch diese Züge sind fast immer mit einem Kartentelefon ausgestattet.

Handy: Ihr eigenes Handy können Sie auch im Zug verwenden. Der Funkkontakt ist nicht überall gleich gut. Insbesondere in Gebirgseinschnitten, Tunnels, Wäldern und zwischen Häuserschluchten können Gespräche zusammenbrechen. Den besten Kontakt haben Sie in den Vorräumen am Anfang und Ende eines Wagens. Im ICN leiht Ihnen der Zugbegleiter auf Wunsch ein Handy aus.

Bitte beachten Sie: Telefonkarten erhalten Sie auch bei den Zugbegleitern (Ausnahme: IR).

13 You have been asked to ring your German subsidiary company and pass on the following messages. You had not realised that it was a *Feiertag* (Bank Holiday), and have to leave your messages on the answering machine. Prepare what to say in German.

(*a*) Ask Herr Lehmler to send a report of any discussion he has had with new customers.

(*b*) Tell Frau Neumann that your Managing Director, Gordon Young, will be flying to Frankfurt on 20 May and staying for three nights. Ask her to reserve a single room with shower at the *Frankfurter Hof*.

(*c*) Ask the sales department for their plans for the next six months.

14 Ihr Chef hat Sie gebeten einen neuen Anrufbeantworter zu besorgen. Sie finden die Reklame für 'Code-A-Phone' in einer Zeitschrift. Sagen Sie, warum dieser Apparat zu empfehlen ist, z.B. Informieren, Sprechen, Bedienen. Sie interessieren sich auch für die Reklame für Fondisc. Was sind die Vorteile von Fondisc? Hätten Sie gern ein Fondisc? Warum?

Hast du Töne?
Genervt vom monotonen Geklimper am Telefon? Fondisc liefert klangvolle Alternativen, die das Warten auf den Ansprechpartner erträglicher machen sollen. Das CD-System bietet über 50 Kompositionen passend für jeden Wochentag zum Preis von 495 Mark. *Adresse:* blue valley Music Services.

Immer erreichbar oder auf Wunsch auch immer ungestört durch Deutschlands meistverkauften, fernabfragbaren Anrufbeantworter

CODE-A-PHONE 3840

Er informiert Ihre Anrufer bis zu 32 Sekunden und speichert 2 x 30 Minuten Nachrichten. Auch für den professionellen Einsatz und doch so kinderleicht zu bedienen, wie Sie es sich schon immer gewünscht haben. Mit Telefon kombiniert zzgl. DM 30,- *). 3 Jahre Garantie!

Sie erhalten unsere Geräte im Fachhandel sowie in Kaufhäusern und Märkten. Wir senden Ihnen auch gern unseren Gesamtkatalog zu.

Produktinformation unter Tel.: 030/56574260

STIFTUNG WARENTEST
Heft 11/93
Qualitätsurteil

gut

Im Test: Code-A-Phone 2760. Ersetzt durch dieses technisch absolut gleiche jedoch im Design verbesserte Modell Code-A-Phone 3840!

148,- DM *)

*) Unverbindliche Preisempfehlung

Tel. 030/7842... *Ab jetzt: immer!*
ab 16 Uhr

CODE-A-PHONE
Kompetenz durch über 16 Mio. Anrufbeantworter in 38 Jahren
Code-A-Phone AG International ■ Alt Kaulsdorf 18 ■ 12621 Berlin ☎ 030/565740

15 Auf der Kassette sind drei Mitteilungen auf einem Anrufbeantworter. Hören
Sie sich die Kassette an, dann fassen Sie die Mitteilungen schriftlich
zusammen.

Per Telefax oder Bildschirmtext

Information

Fast alle Firmen benutzen Telefax. Schreiben per Telefax gehen schnell und
sind billig und einfach. Der große Vorteil davon ist, dass man ganze
Manuskripte, Briefe, Zeichnungen usw. durchgeben kann. Anstatt einige Tage
warten zu müssen, bekommt man zum Beispiel eine Skizze, einen Plan, eine
Spezifikation, einen Auftrag innerhalb von Minuten. In den osteuropäischen
Ländern ist Deutsch eine sehr wichtige Sprache, besonders zwischen
Lieferanten und Kunden für die Übertragung von Lieferbedingungen,
Zollabfertigungspapieren, Verschiffungsanweisungen usw. In dieser Hinsicht
ist Deutsch eine fast internationale Sprache.

Wichtige Ausdrücke

Betr.	Betreff or betrifft	mfg	mit freundlichen Grüßen
btto.	brutto	MwSt	Mehrwertsteuer
bzw.	beziehungsweise	Nr.	Nummer
ca.	circa	u.a.	unter anderem
Fa.	Firma	usw.	und so weiter
gem.	gemäß	z.B.	zum Beispiel
gez.	gezeichnet	z.Hd.	zu Händen
i.A.	im Auftrag	zuz.	zuzüglich
lt.	laut	z.Z.	zur Zeit
Kto.	Konto		

16 Auf der Seite gegenüber sehen Sie einen Text aus dem offiziellen
Telefonprogramm der DeutschenTelekom. Es handelt sich um den
MultiKom script.

(*a*) Was sind die Vorteile von Multikom script?

(*b*) Und die Nachteile?

(*c*) Hätten Sie gern so ein Multikom-Gerät? Warum (nicht)? Diskutieren
Sie.

(*d*) Sind Sie online zu Hause/bei der Arbeit? Beschreiben Sie, was das
bedeutet.

Nützliche Ausdrücke

- Meiner Meinung nach...
- Es kommt darauf an, ob...
- im Großen und Ganzen...
- Zeit/Geld sparen/verschwenden
- viel Geld kosten
- nützliche/nutzlose Information
- am Arbeitsplatz
- zu Hause
- praktisch/wichtig/unwichtig sein
- kaum/oft benutzen
- das Internet
- die Datenbank
- der Abonnent
- die Medienwelt
- die Datenautobahn
- surfen
- Informationen abrufen

Information

Öffentliche Bildschirmtext-Terminals findet man jetzt in vielen IC-Bahnhöfen. Die Bundesbahn bietet unter anderem Fahrplanauskünfte und Bestellmöglichkeiten für Fahrkarten, Information über Zuschläge, Platzkarten, Mietwagen, Taxis, Zimmerreservierungen in InterCity-Hotels und Parkplätze an Bahnhöfen.

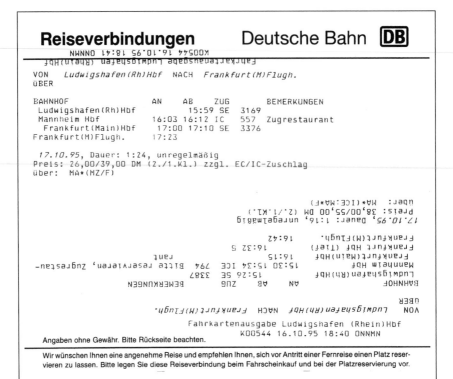

Summary of language forms

1 Some uses of the infinitive with *zu*

(a) *Sein* followed by the infinitive

When the infinitive of a transitive verb is used after *sein*, it often has a passive meaning.

Er ist im Moment nicht zu finden.

He is nowhere to be found at the moment.

Sie ist im Moment nicht zu sprechen.

She is not available at the moment (literally: She is not be be spoken to at the moment).

Sie sind nicht zu erreichen.

They are not available (literally: They are not to be reached).

(b) *Um ... zu* followed by the infinitive

This construction expresses purpose (in order to).

Um Nürnberg direkt an*zu*rufen wählen Sie zuerst 00 49.

(c) *Anstatt* followed by the infinitive

The English 'ing' construction is expressed by the infinitive in German.

Anstatt einige Tage warten *zu* müssen bekommt man einen Auftrag innerhalb von Minuten.

Instead of having to wait a few days, you receive an order within minutes.

Note that the same construction is used with *ohne*.

Ohne länger *zu* warten legte der Kunde den Hörer auf.

Without waiting any longer, the customer replaced the receiver.

2   Reflexive pronouns in the accusative and dative

Reflexive pronouns go in the accusative if the subject and direct object refer to the same person or thing.

Als Geschäftsmann (*subject*) interessiere ich mich (*direct object*) für die City.

As a business man I am interested in the city.

Forms:

ich interessiere *mich*	wir interessieren *uns*
du interessierst *dich*	ihr interessiert *euch*
Sie interessieren *sich*	Sie interessieren *sich*
er ⎫ sie ⎬ interessiert *sich* es ⎭	sie interessieren *sich*

They go in the dative if the reflexive pronoun does not refer to the direct object.

Hören Sie (*subject*) sich die Kassette (*direct object*) an.

Listen to the cassette.

Forms:

ich höre sie *mir* an	wir hören sie *uns* an
du hörst sie *dir* an	ihr hört sie *euch* an
Sie hören sie *sich* an	Sie hören sie *sich* an
er ⎫ sie ⎬ hört sie *sich* an es ⎭	sie hören sie *sich* an

Additional exercises

1 Rephrase the following sentences using an infinitive construction.

Example Ich kann meinen Chef im Moment nicht finden.
Mein Chef ist im Moment nicht zu finden.

(*a*) Heute können Sie Herrn Schäfer nicht sprechen.
(*b*) Die Nummer kann man im Telefonverzeichnis finden.
(*c*) Sie können Herrn Hauptmann unter einer anderen Nummer erreichen.
(*d*) So viel Arbeit erwarteten sie nicht.
(*e*) Das kann ich heute nicht machen.
(*f*) Das glaube ich nicht.

2 Rephrase the following sentences using the construction *ohne* followed by the infinitive.

Example Er wollte nicht länger warten und legte den Hörer auf.
Ohne länger zu warten legte er den Hörer auf.

(*a*) Die Sekretärin wollte nicht aufs Tonband sprechen und legte den Hörer auf.
(*b*) Man muß nicht warten. Man bekommt eine Fahrkarte innerhalb von Sekunden.
(*c*) Der Vertreter ist um 9.00 Uhr gekommen. Er hat nicht angerufen.
(*d*) Ich muss im Telefonverzeichnis suchen, sonst kann ich diese Firma nicht anrufen.
(*e*) Sie brauchen nicht mit der Zentrale sprechen. Sie können direkt wählen.
(*f*) Man unterbreitet manchmal Angebote und bekommt dafür keinen Auftrag.

3 Add the correct form of the reflexive pronoun (A = accusative pronoun; D = dative pronoun).

(*a*) Ich interessiere _____ mich für Musik und Sport. A
(*b*) Interessieren Sie _____ für diese Produkte? A
(*c*) Wir hören _____ die Kassette an. D
(*d*) Ich muss _____ die Haare kämmen. D
(*e*) Sehen Sie _____ dieses Bild an. D
(*f*) Das muss ich _____ gut überlegen. D
(*g*) Bitte setzen Sie _____. A
(*h*) Bevor sie ausgeht, möchte Frau Müller _____ hinlegen. A
(*i*) Stellen Sie _____ vor, wie wir ohne Autos auskommen würden. D
(*j*) Können Sie _____ etwas deutlicher ausdrücken? A
(*k*) Lohnt es _____, heute weiter zu fahren? A
(*l*) Ihr müsst _____ erkundigen, wann der Zug abfährt. A

4 Complete the following sentences with an *um... zu* clause.

Example Ich gehe arbeiten (Geld verdienen)
      Ich gehe arbeiten um Geld zu verdienen.

(*a*) Ich brauche Informationen (einen Bericht schreiben)
(*b*) Ich arbeite hier (Erfahrungen sammeln)
(*c*) Mein Freund hat an der Universität studiert (Chemiker werden)
(*d*) Ich werde Ihnen ein Fax schreiben (unseren Termin bestätigen)
(*e*) Die Vertreterin fährt nach Deutschland (unsere Produkte sehen)
(*f*) Ich kaufe mir ein Mobil-Telefon (mit Kunden unterwegs in Verbindung bleiben)
(*g*) Bitte rufen Sie uns an (diese Sache besprechen)
(*h*) Ich lerne die deutsche Sprache (mit meinen deutschen Kollegen sprechen können)
(*i*) Meine Kollegin kommt zu diesem Kursus (in ihrer Arbeit weiterkommen)
(*j*) Ich studiere weiter (meine Chancen auf dem Arbeitsmarkt verbessern)

Kapitel 10

Schriftverkehr

Wie ist Ihre Anschrift?

Information

Umschläge

Empfänger Adresse Postleitzahl	Frau Petra Steinert Königsallee 94 40212 Düsseldorf
Absender	Abs. A. Becker, Engelskircher Straße 30, 51109 Köln

```
Herrn Dr. J. Klehm
Klehm-Export GmbH
Marienplatz 45
80331 München
```

```
Fa. Mechanik-Wolfgang
z.Hd Frau Dipl.-Ing.
T. Klinsmann
Bräuergasse 926
01067 Dresden
```

NB Für Briefe ins Ausland kommt immer vor der Postleitzahl ein
Kennbuchstabe für das Land:

D für die Bundesrepublik, CH für die Schweiz, A für Österreich, L für
Luxemburg.

1 The following words are often printed or stuck on envelopes. Match each
German phrase to its English equivalent.

(*a*) Private and confidential

(*b*) Express post

(*c*) Airmail

(*d*) Printed matter

(*e*) Registered mail

(*f*) If undelivered return to sender

(*g*) Personal

(*h*) Poste restante

(*i*) Please do not bend

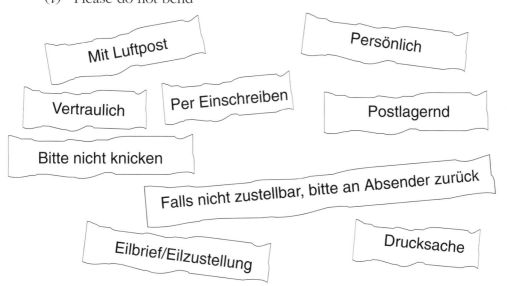

Das Datum

Information

Am Anfang eines Briefes schreibt man das Datum wie folgt: 07.01.1997 bzw.
7. Januar 1997 oft auch mit Ortsnamen, z.B. Kassel, 10.11.1997.

Im Text schreibt man das Datum wie folgt:
Wir danken Ihnen für Ihr Schreiben vom 20.7.
Wir nehmen Bezug auf Ihr Schreiben vom 20. Juli.
Wir beziehen uns auf Ihr Schreiben vom 20. d.M. (dieses Monats).
Ich fliege am fünften August in die Schweiz.
Am 11. Februar ist wegen Karneval Ruhetag.
Vom 1.8. bis zum 5.8. haben wir Betriebsferien.
Ab 19. August bekommen wir eine neue Telefonnummer.

---

2   Übersetzen Sie folgende Sätze ins Deutsche.

   (*a*)   We refer to our letter of 10 July.
   (*b*)   We are going to Bonn on 15 March.
   (*c*)   On 1 May we have a public holiday.
   (*d*)   As agreed in our telephone conversation of 21 October, we shall fly
            to Salzburg on 2 November.
   (*e*)   From 1 February until 30 April I worked in Berlin.

Geschäftsbriefe

3 Name und
Adresse des
Absenders
(Briefkopf)

<table>
<tr><td colspan="3" align="center">Duisburger Stahlwerke GmbH
Alter Markt 1–15
Postfach 24 51 93
47051 Duisburg
Tel: 0203 70 00 76
Fax: 0203 70 00 61</td></tr>
</table>

Adresse des
Empfängers

```
Österreichische Feinmechanik GmbH
Alter Markt 16
5010 Salzburg
```

Zeichen und
Datum

```
Unser Zeichen        Ihr Zeichen              Bonn, 15.6.97
76 DR/sj             539 JK/en
```

Betreff

```
Betr.: Ihre Anfrage
```

```
Sehr geehrte Damen und Herren,
```

Inhalt des
Briefes

```
wir danken Ihnen für Ihren Brief vom 11. Juni. Wir sind gern
bereit Ihnen einige Muster zu übersenden und fügen diesem Brief
unsere neueste Preisliste bei. Wenn Sie weitere Fragen haben
sollten, setzen Sie sich bitte mit uns in Verbindung.
```

```
Wir danken für Ihr Schreiben vom 21. Mai und bedauern, dass wir
es noch nicht beantwortet haben. Wir hatten aber zu dem
Zeitpunkt unsere neue Preisliste noch nicht erhalten.
```

```
Wir hoffen sehr, dass unsere Preisliste für Sie von Interesse
ist und verbleiben
```

```
Mit freundlichen Grüßen
```

```
i.V.

Schmidt
P Gossner
Anl.
```

Anlage

4 You have been given some letters to write to German-speaking countries.
Using the following postcodes, work out the correct addresses for the
people below.

53113 Bonn   55130 Mainz   6010 Innsbruck   85435 Erding

(*a*) Frau Ingrid Schäfer at Fischer AG in Bonn, Johanniterstraße 39.
(*b*) Mainzer Transport GmbH for the attention of Dr. Jochen Schneider.
   Their offices are at No. 23 on the Wilh.-Th.-Römheld Str., Mainz.
(*c*) Schweizer Fotoapparate situated at No. 15 Leopoldstr. in Innsbruck.

(*d*) Linke-Stahlwerke, for the attention of Frau M Kich, at No. 20 Alois-Schießl-Platz in Erding.

Wichtige Ausdrücke

Am Anfang eines Briefes:
Sehr geehrte Damen und Herren!
Sehr geehrter Herr Schmidt,
Sehr geehrte Frau Dr. Schmidt,
Sehr geehrter Herr Braun, sehr geehrte Frau Braun,

Am Ende:
Hochachtungsvoll
Mit vorzüglicher Hochachtung } sehr formell (immer seltener)
Mit freundlichem Gruß
Mit freundlichen Grüßen } weniger formell (heute auch formell)

Etwas bestätigen:
Ihren Brief vom ersten April haben wir gestern erhalten.
In Bezugnahme auf Ihr Schreiben möchten wir erwähnen, dass...
Wir bestätigen hiermit den Erhalt Ihres Schreibens.
Wir sind mit Ihrem Vorschlag einverstanden.

Sich auf einen Anruf beziehen:
Wir nehmen Bezug auf unser gestriges Telefongespräch...
Wie am Telefon vereinbart,...

Sich bedanken:
Wir bedanken uns für Ihre Mitteilung.
Wir danken Ihnen für Ihren Brief.
Für Ihre Hilfe danken wir im Voraus.
Für Ihre Hilfe bin ich sehr dankbar.

Um etwas bitten:
Bitte schicken Sie uns (Ihre Broschüre)...
Ich möchte bitte...
Wir hätten gern nähere Auskünfte...
Wir wären sehr dankbar, wenn Sie...
Für eine baldige Antwort wären wir Ihnen sehr dankbar.
Wir würden uns freuen von Ihnen zu hören.

Etwas mitteilen:
Ich muss Ihnen leider mitteilen, dass wir bis Ende November nicht liefern
    können.
Wir möchten Ihnen mitteilen, dass...

Etwas beifügen:
Als Anlage schicken wir Ihnen...
Wir fügen Ihnen auch eine Kopie unseres letzten Briefes bei.
Wir legen Ihnen unsere Rechnung bei.
Bitte finden Sie eine Kopie unseres letzten Briefes anbei.

Sich entschuldigen:
Es tut uns leid, aber...
Wir bitten in dieser Sache um Ihr Verständnis.

Briefschluß
Wir hoffen, Ihnen hiermit gedient zu haben und verbleiben...
Wir freuen uns auf Ihre Antwort.
Wir erwarten Ihre Antwort mit großem Interesse.

5 Your boss has received the following letter. Translate it into English.

Betr.: Vertretung unserer Firma

Sehr geehrter Herr Hobson,

wir beziehen uns auf unsere Besprechungen vom 17. März. In der
Zwischenzeit haben wir die Möglichkeit Ihrer Einstellung
weiter diskutiert und möchten Sie jetzt einladen, Ihre Arbeit
als Vertreter für Großbritannien und Nordirland ab 1. Oktober
zu übernehmen.

Falls Sie sich noch für diese Arbeit interessieren,
teilen Sie uns das bitte sofort mit, damit wir weitere
Vereinbarungen treffen können. Unser Verkaufsleiter fliegt
Anfang Oktober nach England um einige Kunden zu
besuchen. Er möchte möglichst bald einen Termin
ausmachen, damit Sie ihn eventuell auch begleiten können.

In Erwartung Ihrer Antwort verbleiben wir

Mit freundlichen Grüßen
Süddeutsche Exportgesellschaft mbH
Im Auftrag

S. Schiffke
Schiffke

6   You have to write some letters to German-speaking clients for your boss,
        Katherine Bailey.

(*a*)   You are writing to the sales director of a company following a
        telephone conversation with his secretary. Confirm that Mrs Bailey will
        be flying to Stuttgart on 14 March and spending three days in
        Germany. Say that the export manager will probably be
        accompanying Mrs Bailey as well.

(*b*)   You are writing to a customer to thank them for their letter of 10 May.
        Tell them that you are enclosing your brochure and price list, and that
        all the goods are in stock. You hope to have been of some help.

(*c*)   You are writing to someone who is due to visit your company next
        month. Unfortunately, Mrs Bailey will be away. Suggest a different
        date and ask the visitor whether that is convenient.

Nützliche Wörter

(*a*)   verbringen, der Exportleiter, begleiten, wahrscheinlich, bestätigen

(*b*)   leider, erst am…, einverstanden sein, die Broschüre, die Preisliste,
        vorrätig

(*c*)   verreist, ein anderer Termin, vorschlagen, einen Termin
        ausmachen/vereinbaren, das passt mir/Ihnen.

7   Suchen Sie für jede Organisation den passenden deutschen Firmennamen.

(*a*)   Tax adviser
(*b*)   Estate agent
(*c*)   Local authority
(*d*)   Lawyer
(*e*)   Photo agency

Braun & Shäfer
RECHSTANWÄLTE
CHAMISSOSTRAßE 37
81925 MÜNCHEN

**Immobilien Weiß, Am Domhof 44,
50667 Köln**

Bachmann Bilderdienst
10823 Berlin • Grunewaldstraße 70
Telefon 0 30/25 87 36 08/36 10

Gemeinde Schwarzbach
98634 Schwarzbach, den 30.09.1997
Tel. 0 82 02/24 39 85
Konten: Sparkasse Schwarzbach Nr. 605 432
Volksbank Schwarzbank Nr. 140880

KARL MÜLLER   30173 Hannover
Steuerberater   Heinrich-Heine-Platz 93 • Postfach 297
                          Telefon 05 11 / 70 23 26

8 Hörverständnis

 On the cassette you will hear the texts of four letters. Decide what type of company they come from.

Information

Wenn der Inhalt von Unterlagen selbstverständlich ist, schreibt man sehr oft keinen Begleitbrief, sondern schickt eine Mitteilung und kreuzt das passende Kästchen an (s. Kurzmitteilung unten).

---

9 Match each of the English translations to one of the German instructions:

(a) settle the matter
(b) make a decision
(c) take note
(d) retain
(e) return
(f) comment
(g) respond by phone
(h) check
(i) approval
(j) returned with thanks
(k) as discussed

Kurzmitteilung

Unser Zeichen *CM/4*   Datum *3. 6.*

Mit der Bitte um:
☐ Erledigung   ☐ Entscheidung   ☐ Kenntnisnahme
☒ Prüfung   ☐ Rückgabe   ☐ Stellungnahme
☒ Anruf   ☒ Genehmigung   ☐ zum Verbleib
☐ mit Dank zurück ☐ wie besprochen

Anlage

Ich bitte um Ihre Antwort bis 16.00 Uhr.
Diese Offerte müssen wir den Kunden
heute durchschicken.

10 Privatbriefe

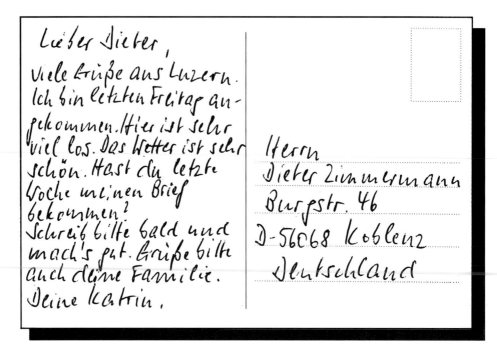

Write a postcard to a friend telling him/her:
(*a*) where you are
(*b*) when you arrived
(*c*) what there is to do
(*d*) what the weather is like
(*e*) where you are staying.

11 You are planning a business trip to Salzburg and have received a letter
(see page 125) telling you about the Salzburg card and other offers
open to visitors. Summarise the letter for your colleagues who will be
coming with you.

Sehr geehrte Damen und Herren,

wir danken für Ihre Anfrage und freuen uns über Ihr Interesse an der Stadt Salzburg. Das beiliegende Informationsmaterial soll Ihnen helfen, Ihren Salzburg Aufenthalt so gut wie möglich vorzubereiten.

Kurz entschlossene Salzburg Besucher haben die Möglichkeit, sich gleich nach Ihrer Ankunft bei einer unserer Salzburg-Informationsstellen - an jeder Haupteinfahrtsstraße, am Bahnhof und im Stadtzentrum - ein Zimmer reservieren zu lassen und sich über unsere *Salzburg Card* zu informieren. In jedem Kiosk steht Ihnen ein gut geschultes, sprachenkundiges Info-Team zur Verfügung. Die genauen Adressen entnehmen Sie bitte unserem Hotelplan.

Die *Salzburg Card* ermöglicht Ihnen freien Eintritte in allen Sehenwürdigkeiten der Stadt, kostenlose Benutzung der öffentlichen Verkehrsmittel (ausgen. Linie 80) und viele weitere Be- und Vergünstigungen.

Auch Ihr Reisebüro ist selbstverständlich jederzeit gerne bereit Sie über aktuelle Salzburg Programme zu informieren.

Seien Sie unser Gast und genießen Sie ein exklusives Wochenende in
Salzburgs Grand Hotel „Österreichischer Hof".
Die Tradition des Hauses und eine traumhafte Kulisse aus Festung und Türmen der Altstadt gibt Ihnen die Möglichkeit, dieses Arrangement zu einem außergewöhnlichen Preis zu erleben (Buchungen nur auf Anfrage möglich unter
Tel: 0662-88977 oder Fax: 0662/88977-551, gültig vom 01.09.96 - 20.03.97):

2 Übernachtungen mit Buffetfrühstück und Obstteller
ÖS 2.260,-- pro Person im Doppelzimmer
ÖS 3.160,-- im Einzelzimmer

Wir hoffen Ihnen hiermit inzwischen gedient zu haben und stehen für weitere Auskünfte jederzeit gerne zu Ihrer Verfügung.

Mit freundlichen Grüßen
Ihre
Fremdenverkehrsbetriebe
der Stadt Salzburg
VERSAND & SERVICE TEAM

P. S.   Gerne übernehmen wir für Sie auch die **Hotelreservierung !**
Rufen Sie uns an, Tel: 0662/88 9 87/314 oder 316. Senden Sie uns ein Fax, Nr. 0662/88 9 87-32 oder senden Sie uns eine E-mail, tourist@salzburginfo.or.at

FREMDENVERKEHRSBETRIEBE DER STADT SALZBURG · A-5020 SALZBURG · AUERSPERGSTRASSE 7
Salzburg Information · Tel.: 00 43/662/88 9 87-0 · Fax: 00 43/662/88 9 87-32 · E-mail: tourist@salzburginfo.or.at
http://www.salzburginfo.or.at · DVR: 0089443 · UID-Nr.: ATU33978808 FREMDENVERKEHRSBETRIEBE STADT SBG

     FOTVE Member

Summary of language forms

1   The imperfect and perfect tenses in letter writing

The imperfect tense is used to describe states and completed actions
further back in time than the immediate past. It is also used in narrative.
   Als Herr Merten aus der Fabrik *kam, setzte* er sich in seinen Wagen und
   fuhr nach Hause.
The perfect tense is used to express recently completed actions.
   Ihren Brief vom 30. Mai *habe* ich gerade *bekommen.*
Note that *sein* and *haben* are used almost invariably in the imperfect.
   Ich war heute nicht im Büro.

2   The pluperfect tense

The pluperfect tense is used to express an action or event completed prior
to some past point in time that is specified or implied, e.g. when your
letter came, I *had* already *gone out.* It is formed from the imperfect tense of
haben or *sein* and the past participle.
   Ich *hatte* von der Sache *gehört.*
   Als der Chef zurückgekommen ist, *war* ich schon nach Hause *gefahren.*

3   Capital letters in correspondence

Personal pronouns and possessive pronouns relating to people addressed
in correspondence as *Sie* always begin with a capital letter. This no longer
happens when the informal *du* is used.
   Ich bitte *Sie* alle Unterlagen zurückzuschicken.
   Ich danke *Ihnen* für *Ihren* Brief.
   Ich danke *dir* für *deine* Karte.

Additional exercises

1   Complete the following sentences with *am, vom, bis zum, ab, im* or *den.*
   (*a*)   Wir danken Ihnen für Ihr Schreiben _____ 8. September.
   (*b*)   Ich habe sie _____ Februar angesprochen.
   (*c*)   _____ 7. _____ 15. Juli sind wir im Urlaub.
   (*d*)   _____ dem 20. Mai müssen Sie mit Herrn Schmidt sprechen.
   (*e*)   _____ 13. April fährt der Geschäftsführer nach Österreich.
   (*f*)   Bitte reservieren Sie mir ein Hotelzimmer für _____ 4. Mai.
   (*g*)   Den Wievielten haben wir heute? _____ 11. Oktober.

2 Put the following sentences into the perfect tense.
(*a*) Wir fügten dem Brief unsere neueste Preisliste bei.
(*b*) Herr Rieth flog am 1. Oktober nach England.
(*c*) Er übernahm seine Arbeit am 8. Oktober
(*d*) Ich unterschrieb den Vertrag.
(*e*) Ich schickte ihm die Unterlagen am 20. Juni zu.
(*f*) Man lehnte seinen Antrag auf Baugenehmigung ab.

3 Correct the mistakes in the following letter.

```
Lieber Angela

Hier ist alles wunderschön. Wenn du hier warst, wäre es noch
schoner. Gestern wir haben einen lange Spaziergang gemachen.
Vielen Dank für dein Brief, die ich vorgestern bekommen habe.

Ich wünsche Ihnen alles Gute!

Dein Susan
```

4 Put the following sentences into the pluperfect tense.
(*a*) Ich komme am 3. Mai.
(*b*) Der Sachbearbeiter schreibt einen Brief.
(*c*) Wir schicken Ihnen das Päckchen am 4. Juli.
(*d*) Wir gehen spazieren.
(*e*) Ich mache das Fenster auf.
(*f*) Um 8.00 Uhr fahren wir los.
(*g*) Wir laden Herrn Schäfer zum Abendessen ein.
(*h*) Herr Kramer übernimmt die Vertretung für Großbritannien.
(*i*) Warum beantworten Sie nicht dieses Schreiben?
(*j*) Wir müssen einen Termin vereinbaren.
(*k*) Er kann am 7. d.M. (dieses Monats) nicht kommen.

Kapitel 7–10

Zusätzliche Aufgaben

1 Partnerarbeit: Ein Auto mieten

A Sie sind in Deutschland und wollen ein Auto mieten. Sie möchten das Auto: (a) am Mittwoch, dem 4.3. um 14.00 abholen und am 11.3. gegen 19.00 zurückbringen; (b) bei einer anderen Gelegenheit (sagen Sie genau wann) zum Wochenende mieten. Rufen Sie die Zentrale an um ein Auto zu reservieren.

B Sie arbeiten bei einer Autovermietungsfirma und bekommen einen Anruf von einem/einer Kunden/Kundin. Anhand folgender Tabelle empfehlen Sie ihm/ihr Ihre günstigsten Tarife für verschiedene Autos und andere Angebote (Versicherung usw.).

Wochen-/Ferien-Tarif

CRS Code	Fahrzeug-gruppe	Fahrzeugbeispiel	Preis pro Woche (DM)	Extra Tag (DM)
ECMN	A	Fiat Punto	589,00	84,00
CDMN	B	VW Golf	679,00	97,00
IDMN	C	Ford Mondeo	839,00	119,00
IXMN	X	Audi A4	899,00	128,00
SDMN	F	BMW 316i	969,00	138,00
PDMR	H	BMW 520i	1159,00	165,00
CDAN	M	VW Golf Automatik	889,00	127,00

Preise: Enthalten unbegrenzte Kilometer, Haftungsbeschränkung (CDW), Diebstahlschutz (TP) mit je DM 300,– Selbstbeteiligung und MwSt.
Servicegebühr: DM 15,– bei Anmietungen an Flughäfen und Bahnhöfen.
Einwegmieten: Nur innerhalb Deutschland. (Kostenfrei; Ausnahme Sylt.)
Anlieferung: Gegen Gebühr möglich.

Dieser Tarif muß vor Mietbeginn ausdrücklich vereinbart werden und ist nicht rabattfähig. Auf Wunsch kann eine Insassen-Unfallversicherung (PAI) für DM 3,– pro Tag abgeschlossen werden (reduzierter Tarif).

Als Partner von Lufthansa Miles & More schreiben wir Ihnen auf Anfrage 500 Meilen pro Anmietung gut. Im übrigen gelten die Bedingungen des Hertz Mietvertrages.

Bitte erkundigen Sie sich auch nach Angeboten Ihrer Hertz-Station vor Ort!

Für weitere Informationen und Reservierungen steht Ihnen unser Reservierungsbüro unter 0 18 05/33 35 35 bzw. 0 61 96/93 39 00, jede Hertz-Station oder jedes Reisebüro zur Verfügung.

Änderungen vorbehalten.

Hertz rents and leases Fords and other fine cars.

2   Sie arbeiten in Deutschland und sprechen mit Ihrem Chef. Was sagen Sie?

Chef   Was haben Sie im kommenden Monat vor?

Sie   (Say you would like to visit Klusenhof GmbH in Dresden the week
after next in connection with your quote.)

Chef   Gibt es denn Schwierigkeiten?

Sie   (Tell your boss that if he could lower the price slightly Klusenhof
would accept the offer and place an order.)

Chef   Warum fahren Sie erst übernächste Woche und nicht sofort?

Sie   (Explain that you have received an invitation to the opening of the
Horstmann factory next week. You feel you should go in order to
meet the managing director and sales director.)

Chef   Und wann findet die Leipziger Messe statt?

Sie   (Tell him it is next week.)

Chef   Möchten Sie dahin fahren?

Sie   (Say you would be very interested to go if you had time but you
plan to stay in the office. It would be a good idea however if Frau
Ament went.)

3   Hörverständnis

 Sie rufen die Informationsstelle des Congress Center, Düsseldorf an.
Ein Anrufbeantworter gibt Ihnen allerlei Informationen, darunter
auch, wie man das CCD erreicht. Notieren Sie, was Sie am Telefon
hören.

4   Partnerarbeit: Einen Bus reservieren

A   Sie sind mit einigen Kollegen geschäftlich in Augsburg und fliegen am
Freitag, dem 8. Oktober, wieder nach Großbritannien, Flugnummer
LH532, Abflug 7.30 Uhr. Rufen Sie die Zentrale des Flughafen-Transfers
an um einen Bus zu reservieren.

B   Übernehmen Sie die Rolle eines/einer Telefonisten/Telefonistin.
Ein/eine Kunde/Kundin ruft an um einen Flughafen-Bus zu reservieren.
Geben Sie ihm/ihr alle notwendigen Informationen. Teilen Sie ihm/ihr
Kosten, Anzahl der Plätze und Abholungszeit mit (am Flughafen muss
man normalerweise 30 Minuten vor dem Abflug einschecken). Notieren
Sie seine/ihre Adresse und sagen Sie ihm/ihr, wann und wie er/sie
zahlen muß. (Preise: Solche Busse kosten ca. DM210,-)

Wir bringen Sie sicher und bequem, preisgünstig und pünktlich an den Start.
Diesen besonderen Service können Sie täglich 24 Stunden lang nutzen.
Informieren Sie sich über unsere günstigen Konditionen und die
Buchungsabwicklung in Ihrem Reisebüro.
Unsere Zentrale erreichen Sie auch direkt unter der Rufnummer 0411 53 6046.

5 (*a*) Sie arbeiten in Deutschland und wollen mit Freunden Skiurlaub machen. Es fehlt Ihnen aber an Information. Füllen Sie unten stehende Karte aus. Besondere Wünsche: Sie möchten Angaben über Hotels; einige von der Gruppe möchten Skis, Stöcke und Stiefel leihen; ein Après-Ski ist für Sie wünschenswert. Sie möchten auch schwimmen; und Sie interessieren sich für Museen.

> **Zutreffendes bitte ankreuzen**
> ❑   Winterinformationsschrift
> ❑   Sommerinformationsschrift
> ❑   Ortsprospekt/e (mit Unterkunftsverzeichnis)
> ❑   Skiverleih
> ❑   Ski-Loipenverzeichnis (gegen Kostenerstattung von DM5,-)
> ❑   Abendunterhaltung
> ❑   Sportgelegenheiten
> ❑   Sehenswürdigkeiten

(*b*) Sie interessieren sich dafür, mit Ihrer Familie bzw. mit Bekannten Ihre Sommerferien im Schwarzwald zu verbringen. Schreiben Sie an den Tannenhof um ein Appartment zu reservieren. (B = Mai und Juni; C = Juli, August und September)

TANNENHOF

Familie Dieterle, Im Hoflehen 65
78098 Triberg im Schwarzwald
Tel. (0 77 22) 10 26, Fax (0 77 22) 10 27

In herrlicher Aussichtslage, direkt am Wald, absolut ruhig gelegen, befindet sich der Tannenhof. Komfortabel einge-richtete, geräumige Hotelappartements mit Bad/WC, Kochnische, Loggia, Balkon, Telefon und TV-An-schluss gewährleisten einen erholsamen Urlaub. Garagen und Lift vervollkommnen die Bequemlichkeit. Für Ihre Gesundheit sorgen Sauna, Solarium und viele Kilometer Wanderwege. Halbpensionsessen in unserem Land-gasthof zur „Lilie".

Zimmertypen	Betten-zahl	Preis pro Person Ü/F, ohne Kurtaxe			Aufpreis pro Person	
Saisonzeiten ➡		A	B	C	HP	VP
DZ DU/WC, Balkon	30	51,-	58,-	72,-	25,-	36,-
VZ DU/Bad/WC	68	50,-	50,-	50,-	25,-	36,-

6   Partnerarbeit: Am Telefon sprechen

A   Sie versuchen einige Sachbearbeiter/innen bei einer deutschen Firma zu erreichen. Sie kommen aber nicht zum richtigen Anschluss durch.

Nützliche Ausdrücke

- Kann ich bitte Herrn X sprechen?
- Ach, Entschuldigung. Ich wollte eigentlich Herrn X sprechen.

- Ist seine Nummer nicht...?
- Können Sie mich weiterverbinden?

B Übernehmen Sie die Rolle verschiedener Sachbearbeiter/innen bei einer deutschen Firma, die falsch verbundene Anrufe bekommen.Beschreiben Sie Ihrem/Ihrer Gesprächspartner/in, wie er/sie die richtige Verbindung bekommt.

Nützliche Ausdrücke

- Nein, hier ist Apparat Nummer...
- Möchten Sie weiterverbunden werden?
- Welche Nummer haben Sie eigentlich für Frau X?
- Sie haben ein altes Verzeichnis.

7 Hörverständnis

 (a) Sie sind Sachbearbeiter/in und bekommen ein telefonisches Angebot von einem Lieferanten. Hören Sie sich die Kassette an und notieren Sie die Einzelheiten.

(b) Diese Einzelheiten geben Sie der Einkaufsabteilung weiter, damit ein Auftragsformular ausgefüllt werden kann. Ihr/e Kollege/Kollegin in der Einkaufsabteilung macht aber einige Fehler. Vergleichen Sie das Auftragsformular mit Ihren eigenen Notizen und korrigieren Sie es.

```
BESTELLUNG
Sehr geehrte Herren
wir beziehen uns auf Ihr Angebot und möchten bei Ihnen
folgendes bestellen:
Anzahl  Benennung       Stückpreis DM    Rabatt    Gesamtpreis
10      Videorekorder   985,00                     3% 9850,00
 4      CD-Spieler      599,00                     1% 1776,00
 1      Mikrowelle      599,00                     1%  593,00
Gesamtbetrag DM12219,00
Ihre Preise verstehen sich inkl. Verpackung, Mehrwertsteuer und
Lieferung
Mit freundlichen Grüßen
```

8 Hörverständnis

 You work for a clothing distribution company which does not always manage to settle its bills promptly. You find a message on the answerphone from a supplier demanding payment. Note down the details to be passed on to your accounts section.

9 Die Firma, wo Sie arbeiten, hat vor, eine Zweigstelle in Deutschland zu gründen. Sie finden eine Kleinanzeige in einer Zeitung (Seite 132).

Schreiben Sie ein Fax an Bäcker und Günther mit der Bitte um nähere Angaben. Sie wünschen: (*a*) ca. 150 m²; (*b*) zentrale Lage; (*c*) eine Preiszustellung; (*d*) eine baldige Antwort.

Bächer und Günther
Immobilien
Talstr. 106
01067 Dresden
Tel 0351/725301
Fax 0351/725193
Büroräume von 50 bis 375 m² zu vermieten, zentral, ruhig.

Transcripts of listening comprehensions and dictations

Kapitel 1, Übung 4a (Seite 3)

Meine Damen und Herren, ich möchte Ihnen Frau Gisela Schäfer vorstellen. Das Thema ihres Vortrags ist Multimedia und die Zukunft. Frau Schäfer hat eine lange und interessante Karriere hinter sich. Sie hat die Schule mit 16 Jahren verlassen und hat einige Jahre lang als Stenotypistin und später als Sekretärin in verschiedenen Abteilungen einer großen Tageszeitung gearbeitet. Während dieser Zeit hat sie immer mehr Verantwortung und Erfahrung bekommen, und Ende der 50er hatte sie wegen der Krankheit einer Kollegin die Gelegenheit als Reporterin zu arbeiten. Diese Gelegenheit hat sie natürlich ergriffen.

Danach ist sie nach Amerika gegangen und hat für eine Nachrichtenagentur gearbeitet, wo sie unter anderem Zeitungsartikel bzw. Presseinformationen geschrieben hat. Kurz nach ihrer Rückkehr nach Deutschland kamen die Heirat und einige Jahre zu Hause, wo sie ihre Kinder großgezogen hat. Während dieser Jahre hat sie weiter geschrieben, zum größten Teil Artikel für Zeitschriften usw.

Später hat sie eine Stellung bei einer Werbeagentur gefunden. Hier hat sie zeitweise gearbeitet und Werbetexte geschrieben. Diese Arbeit erforderte die Fähigkeit Texte verschiedenster Art zu schreiben. Durch ihre Kreativität, ihre Kommunikationsstärke und ihren Fleiß ist sie sehr schnell vorwärts gekommen und 1980 wurde sie Verkaufsleiterin.

1982 hat sie gekündigt um ihre eigene Gesellschaft zu gründen und sie hat jetzt 30 Angestellte. Jetzt steht sie kurz vor dem Ruhestand und freut sich darauf mehr Zeit für ihre Hobbys zu haben. Sie kann auf eine abwechslungsreiche Karriere zurückblicken und berichtet uns heute etwas von ihrer Erfahrung und wirft einen Blick in die Zukunft.

Kapitel 1, Übung 4b (Seite 3)

(*a*) **Franchise kann ich nur empfehlen**

Der Franchise-Geber stellt in der Regel das Produkt und das Know-how sowie Hilfen in Werbung und Steuerberatung – und setzt auf das Engagement des Franchise-Nehmers. Der bringt Eigenkapital ein (z.B. Abfindung vom bisherigen Arbeitgeber) und verkauft so gut er kann – und verdient so gut, wie er verkauft. So wie Hans-Henning Schröder aus Berlin, der 1990 einen Franchise-Vertrag mit Family Frost unterschrieb. Seitdem verkauft der ehemalige Logistikchef einer Tapetenkleisterfabrik Tiefkühlkost im Nordosten von Berlin. Im November feierte Schröder fünfjähriges Jubiläum und ist sehr zufrieden: „Franchise kann ich nur empfehlen." Über 580 Firmen und fast 20,000 Franchise-Nehmer arbeiten in Deutschland bereits nach diesem System.

(b) **Job statt Arbeitsplatz: Freelance von Auftrag zu Auftrag**
   Einen festen Arbeitsplatz will ich nicht, sagt der 29jährige Alexander Löw aus Frankfurt. Da schreiben sie mir sogar noch die Kaffeepause vor. Löw arbeitet als Informatiker mal hier mal da auf eigene Rechnung. Kommt er nicht weiter, holt er sich online Hilfe von anderen Freelancern. Ökonomen sehen darin die Arbeitsform der Zukunft.

(c) **Flexible Arbeitszeit: Bei BMW arbeitet mehr als die Hälfte der Mitarbeiter flexibel**
   Was heute mehr denn je diskutiert wird, hat der Automobilhersteller BMW schon vor zehn Jahren umgesetzt: die Flexibilisierung der Arbeitszeiten. Im Regensburger Werk wurde erstmals die Arbeitszeit neu verteilt. Während die Maschinen an sechs Wochentagen laufen, arbeiten die Mitarbeiter im Durchschnitt nur an vier Wochentagen.

Kapitel 1, Übung 11 (Seite 6)

(a) Ich arbeite für den Personalleiter eines Verlags. Ein großer Teil meiner Arbeit besteht aus am Computer arbeiten – vor allem Manuskripte für neue Bücher und auch viele Briefe. Ich muss auch Berichte tippen, den Terminkalender für meinen Chef führen, Besucher empfangen und betreuen und Reisen im In- und Ausland vorbereiten. Da ich während des Tages sehr lange am Schreibtisch sitze, gehe ich abends gern aus. Ich gehe z.B. tanzen oder in meinen Sportverein.

(b) Mein Beruf gefällt mir sehr, obwohl er sehr anstrengend ist. Ich arbeite meistens innerhalb Europas, aber manchmal auch in Übersee. Als Erstes muss ich die Passagiere begrüßen und ihnen die Sitzplätze zuweisen. Andere Aufgaben sind Getränke und Mahlzeiten servieren, Kleinkinder betreuen, erste Hilfe leisten und Auskunft geben. Natürlich muss man auch Fremdsprachen können, da Passagiere aus aller Welt mit uns fahren. Ich persönlich spreche Englisch, Französisch, etwas Spanisch und, wie Sie hören, lerne ich jetzt Deutsch. Ich reise sehr gern und habe sehr viele interessante Städte und Leute kennen gelernt.

(c) Meine Arbeit ist sehr abwechslungsreich. Jeden Tag passiert etwas anderes. Zum Beispiel kann an einem Tag ein Unfall passieren, wo ich Hilfe leisten muss. Am nächsten Tag findet möglicherweise eine politische Demonstration statt. Wir haben dann sehr viel zu tun. An einem anderen Tag müssen wir zu einem großen Fußballspiel, um für Ordnung zu sorgen, und so weiter. Unter Anderem muss ich auch Berichte schreiben, den Verkehr kontrollieren, Auskunft geben. Es kommen immer mehr Ausländer in unsere Stadt. Deshalb möchte ich eine Fremdsprache lernen.

(d) Ich verkaufe Lebensmittel aus meinem Land an andere Länder. Jetzt, wo die Leute immer mehr ins Ausland fahren, steigt die Nachfrage nach Essen und Getränken aus dem Ausland. Ich kaufe zum Beispiel Wein, Käse, Kuchen vom Hersteller und verkaufe sie dann weiter an meine Kunden. Dauernd suche ich neue Kunden und muss deshalb oft ins Ausland fahren. Deutsch finde ich besonders wichtig.

(e) Ich fahre mehrmals pro Monat durch Deutschland nach Österreich, Ungarn oder Polen. Obwohl die Leute oft Englisch verstehen, zum Beispiel in Restaurants, an Tankstellen, in Hotels oder in den Lagerhäusern, denen ich Güter zuliefere, kommt es oft vor, dass man kein Englisch spricht. Das ist aber für mich kein Problem mehr. Ich spreche jetzt Deutsch.

Kapitel 1, Übung 17 (Seite 9)

- So, Herr Krause. Nehmen Sie doch Platz.
- Danke.
- Haben Sie weit fahren müssen?
- Nein, eine halbe Stunde nur. Ich wohne in Krefeld.
- Ach ja, Berlinerstraße 79... Wann sind Sie geboren?
- Ich bin am siebten Juni 1969 geboren.
- Und Ihr Familienstand?
- Ich bin ledig.
- Haben Sie zur Zeit eine Arbeitsstelle?
- Ja, ich arbeite als Sachbearbeiter bei der Firma Wagner in Krefeld.
- Was für Qualifikationen haben Sie?
- Mein Abitur habe ich im Jahre 1987 gemacht und habe direkt danach eine Stelle gefunden.
- Also studiert haben Sie nicht.
- Mit 18 hatte ich keine Lust zu studieren und finde immer noch, dass das für mich das Richtige war.
- Können Sie Fremdsprachen?
- Meine Englischkenntnisse sind ziemlich gut. Ich kann auch etwas Spanisch. Die Firma Wagner hat mit Spanien und Südamerika Handelsbeziehungen. Ich lerne seit zwei Jahren Spanisch.
- Was für Hobbys haben Sie?
- Ich segle gern. Sonst gehe ich gern mit Bekannten wandern, und ich spiele gern Fußball.
- Sie sind sportlich, nicht wahr?
- Ja, ich treibe gern Sport.

Kapitel 1, Übung 20 (Seite 10)

30. Juni 1997 Beurteilung

Frau Britta Merten, geboren am 20.8.1970, war vom 1.10.1995 bis zum 30.6.1997 in unserer Gesellschaft als Fremdsprachen-Korrespondentin tätig.

Frau Merten erledigte in unserer Verkaufsabteilung den Schriftverkehr in deutscher, englischer und französischer Sprache.

Frau Merten ist eine angenehme Mitarbeiterin, die alle ihr übertragenen Arbeiten zu unserer Zufriedenheit erledigt hat. Sie besitzt eine gute Auffassungsgabe und war stets fleißig und zuverlässig.

Frau Merten verläßt uns auf eigenen Wunsch. Für die Zukunft wünschen wir ihr alles Gute.

Lohmann-Export GmbH

Kapitel 1, Übung 22 (Seite 12)

(a) Ich hatte nicht genug Erfahrung, weil ich vor zwei Jahren meinen Beruf gewechselt habe.
(b) Ich war mit 45 Jahren zu alt.
(c) Sie suchten jemanden mit Spanischkenntnissen. Ich spreche Französisch aber leider kein Spanisch.
(d) Ich müßte nach Leipzig umziehen. Das will ich nicht, weil meine Familie hier in Dresden ist.
(e) Ich habe die Stelle wegen meiner Computerkenntnisse bekommen.
(f) Sie meinten, ich sei zu schwach. Sie brauchten einen körperlich kräftigen Mitarbeiter.

(*g*) Ich weiß nicht genau, warum ich von 30 Bewerbern die Stellung bekommen habe. Vielleicht, weil ich einen positiven Eindruck machte.

(*h*) Ich arbeite gern selbstständig. Deshalb habe ich die Arbeit bekommen. Ich arbeite gern allein.

Kapitel 2, Übung 3 (Seite 18)

Die Zukunft liegt im Norden

Das Zwei-Städte Land Bremen liegt im Norden der Bundesrepublik Deutschland und ist durch seine Lage wichtiges Oberzentrum für den nordwestdeutschen Raum. Dadurch bieten die Freie Hansestadt Bremen und die Seestadt Bremerhaven hervorragende Bedingungen für die Ansiedlung von Unternehmen.

Die bremischen Häfen gehören mit ihren Logistiksystemen zu den leistungsfähigsten und schnellsten der Welt. Ihre Bedeutung wird angesichts des Europäischen Binnenmarktes und der Liberalisierung in Osteuropa noch steigen. Der Stellenwert der Küsten- und Binnenschiffahrt wird aufgrund des veränderten Umweltbewusstseins für den innereuropäischen Transport zunehmen.

International bekannte Markenartikel der Nahrungs- und Genussmittelindustrie kommen aus der Hansestadt. Vor allem das Kaffee-Geschäft hat hier eine lange Tradition. Und natürlich Bremer Bier, Tabak und Schokolade. Den guten Bremer Kaffee kann man in einem Straßencafé mitten in der Fußgängerzone, in der Altstadt oder am Marktplatz genießen.

Ob von weit her oder aus Bremen und Umgebung – auf den zahlreichen Wochenmärkten gibt es täglich frisches Gemüse und Obst. Fast jeder Stadtteil hat seinen eigenen Markt. Auch mitten in der Innenstadt auf dem Domhof sind jeden Tag von frühmorgens bis mittags Marktstände zu finden. Nicht zu vergessen der große Blumenmarkt. Während des Bremer Weihnachtsmarktes verwandeln sich Marktplatz und Domhof in eine kleine Stadt in der Stadt, in der es allerhand Leckereien zu kaufen gibt.

Hier im Norden ist das Land eher flach und statt der Berge gibt es Deiche. Aber diese Landschaft hat ihre ganz besonderen Reize: Wandern im Watt oder Ausritte und ausgedehnte Spaziergänge am Strand. Stundenlange Radtouren durch Felder und Wiesen oder mit Kind und Kegel zum Picknick in den Wald.

Kapitel 2, Übung 9 (Seite 21)

- ● Entschuldigung, wie komme ich am besten zum Bahnhof?
- ■ Gehen Sie diese Straße entlang bis zur Kreuzung, dann gehen Sie links. Den Bahnhof sehen Sie dann am Ende der Straße.
- ● Vielen Dank.
- ■ Nichts zu danken.

- ● Ich muss zum Krankenhaus. Können Sie mir bitte sagen, wo das liegt?
- ■ Ja, gehen Sie hier geradeaus bis zum Kreisverkehr. Am Kreisverkehr gehen Sie denn weiter geradeaus. Das Krankenhaus liegt nach ungefähr 500 m auf der rechten Seite.
- ● Ich danke Ihnen vielmals.
- ■ Gern geschehen.

- ● Wo liegt das Rathaus?
- ■ Von hier aus müssen Sie geradeaus bis zur Kreuzung, dann rechts in die Grüne Straße. Das Rathaus liegt auf der linken Seite zwischen der Sporthalle und der Volkshochschule. Hinter dem Rathaus ist ein großer Parkplatz.
- ● Danke schön.
- ■ Bitte schön.

- Ich suche das Postamt.
- Gehen Sie bis zum Kreisverkehr, dann rechts. Nach zwei Minuten oder so nehmen Sie die erste Straße links. Dort sehen Sie das Postamt auf der rechten Seite neben der Sparkasse.
- Danke für Ihre Hilfe.
- Gern geschehen.

- Entschuldigung, wo kann man hier parken?
- Fahren Sie diese Straße entlang. Kurz vor der Kreuzung dort drüben sehen Sie ein Parkhaus auf der linken Seite.
- Ich suche auch den Marktplatz.
- Dann haben Sie Glück. Der Marktplatz liegt direkt hinter dem Parkhaus.
- Vielen Dank.
- Nichts zu danken.

- Können Sie mir den Weg zur Bibliothek zeigen?
- Ja, sicher. Fahren Sie diese Straße entlang, dann an der Kreuzung links. Kurz vor dem Bahnhof biegen Sie nach rechts in die Steinstraße. Fahren Sie bis zum Ende. Dort sehen Sie dann die Bibliothek.

Kapitel 2, Übung 14 (Seite 24)

(a) Sie hören jetzt den Wetterbericht für Nordrhein-Westfalen vom Wetteramt Köln ausgegeben um 7.00 Uhr mitteleuropäische Zeit. Im ganzen Gebiet morgens kalt und wolkig, zeitweise auch vereinzelte Regenschauer. Nachts etwas kälter. Mäßiger Wind aus Nord-Osten. Tageshöchsttemperatur 8 Grad. Tiefsttemperatur nachts 3 Grad. Aussichten: morgen und übermorgen etwas wärmer, zeitweise auch sonnig.

(b) Sie hören jetzt den Wetterbericht des deutschen Wetterdienstes Hamburg für Dienstag, den 30. Mai. Bei geringen Luftdruckgegensätzen bestimmen in Süddeutschland warme, im Norden kühle Luftmassen das Wetter. Im Norden, teils wolkig, teils heiter. Tageshöchsttemperaturen 18 bis 21 Grad, nachts zwischen 7 und 10 Grad. In der Mitte und in Süddeutschland heiter bis wolkig. In der zweiten Tageshälfte gebietsweise bedeckt mit zum Teil kräftigen Gewittern. Tageshöchsttemperaruren 22 Grad, Tiefstwerte nachts 10 oder 11 Grad. Vorhersage für Mittwoch und Donnerstag: im Norden wenig Änderung, in den anderen Gebieten Schauer und Gewitter. Das war der Wetterbericht.

Kapitel 3, Übung 9 (Seite 33)

(a) Alle Werkzeuge bis zu 10% reduziert.
(b) Günstige Preise im Sonderverkauf ab morgen.
(c) Unsere Preisermäßigungen sind bis Ende der Woche gültig.
(d) Preisnachlass bei Sportartikeln im dritten Stock.
(e) Großer Räumungsverkauf in der Möbelabteilung.
(f) Heute – Sonderangebot für Computer-Software.
(g) Günstige Angebote in der Lebensmittelabteilung.
(h) Stark herabgesetzte Preise für Büroausstattung.

Kapitel 3, Übung 11 (Seite 34)

(a) Wie hoch ist die Anzahl Ihrer Beschäftigten?
475

(*b*) Wie viele Einwohner hat dieses Dorf?
       7917
(*c*) Wie viel Gewinn hat die Firma erzielt?
       Drei Milliarden
(*d*) Wie groß ist dieses Grundstück?
       1492 Hektar
(*e*) Was wiegt diese Maschine?
       Nur dreieinhalb Kilo
(*f*) Wie viel Benzin haben Sie getankt?
       20,5 Liter
(*g*) Der Container hat einen Inhalt von...?
       45 Kubikmetern
(*h*) Wie groß ist dieser Karton?
       40,75 Kubikzentimeter
(*i*) Ist das Büro sehr klein?
       33,8 Quadratmeter

Zusätzliche Aufgaben, Übung 4 (Seite 39)

Länge	3652 mm
Breite	1535 mm
Gepäckraumhöhe	822 mm
Gepäckrauminhalt	225 Liter
Leergewicht	775 kg
zulässiges Gesamtgewicht	1250 kg
zulässige Dachlast	80 kg
Kraftstoff-Füllmenge	42 Liter
Anzahl der Zylinder	4
Getriebe	5–gang
Höchstgeschwindigkeit	143 km/Stunde

Zusätzliche Aufgaben, Übung 5 (Seite 39)

(*a*) Hier ist ein Verkehrshinweis für alle Autofahrer auf der E45 von Ingolstadt in Richtung
       Nürnberg. Ca. drei Kilometer Stau nach einem Unfall zwischen Hilpoltstein und Allersberg.
       Autofahrer werden umgeleitet und müssen die Umleitungsstrecke bis nach Allersberg fahren.
(*b*) Hier ist ein Verkehrshinweis für alle Autofahrer auf der E80 in Richtung Hannover. Dichter
       Verkehr mit teilweisem Stillstand und einer Stunde Wartezeit vor der Ausfahrt Wunstdorf-Luthe.
       Die Umleitungsempfehlung der Polizei: Verlassen Sie die Autobahn bei Bad-Nenndorf und
       fahren Sie auf der Umleitungsstrecke U9 und Bundesstraße 65 nach Hannover.
(*c*) Autobahn in Richtung Wilhelmshaven. Zur Zeit keine Verkehrsbehinderungen. Es wird später
       mit teilweisem Stillstand gerechnet. Soweit die aktuelle Verkehrssituation.

Zusätzliche Aufgaben, Übung 6 (Seite 39)

Sie hören jetzt den Wetterbericht für Nordrhein-Westfalen, ausgegeben um acht Uhr. Im ganzen
Land heute sonnig. Tageshöchsttemperaturen heute zwischen 18 und 20 Grad Celsius,
Tiefsttemperatur nachts um zehn Grad. Morgen vereinzelte Gewitter, danach etwas kühler und
wolkig.

Zusätzliche Aufgaben, Übung 7 (Seite 39)

1 Mensch, jetzt wird es aber schlimm. Ich kann nur noch 20 Meter weit sehen. Ich rufe mal Herrn Dietrich an um ihm zu sagen, dass wir zu seiner Sitzung zu spät ankommen werden.

2 Die Temperatur hier im Büro ist auf 17 Grad gesunken.Wenn es noch kälter wird, gehe ich nach Hause.

3 Wegen eines starken Gewitters haben wir zur Zeit keinen Strom. Die gewünschte Information kann ich leider auf dem Computer nicht abrufen. Hoffentlich ist alles bald wieder in Ordnung, dann kann ich Ihnen die Information durchgeben.

4 Meine Kollegin hat Glück. Sie hat für ihren Urlaub sehr gutes Wetter. Wenn ich jetzt in Urlaub wäre, würde ich mich freuen.

5 Hier an der Bushaltestelle wird man total durchnässt. Wenn ich nicht so viel Arbeit hätte, würde ich den Tag frei nehmen. Ich muss aber ins Büro, weil ich den Monatsbericht schreiben soll.

Zusätzliche Aufgaben, Übung 10 (Seite 41)

(*a*) Bringen Sie den Computer zu Frau Bohn. Sie weiß Bescheid. Ich habe sie schon angerufen. Gehen Sie hier links, dann wieder links, die Tür sehen Sie dann auf der rechten Seite.

(*b*) Sie müssen hier rechts aus der Tür, dann zum anderen Gebäude, zweite Tür links.

(*c*) Hier gerade hinter Ihnen, erste Tür rechts für Herren, zweite für Damen.

(*d*) Herr Schmider erwartet Sie. Gehen Sie hier links, dann rechts, dann den Gang hinunter bis zur vierten Tür links. Bitte melden Sie sich da bei Frau Behrens. Sie bringt Sie dann zu Herrn Schmider.

(*e*) Gehen Sie hier rechts aus der Tür bis zum anderen Gebäude, an der Annahme und Abfertigung vorbei. Der Eingang zu Herrn Laistners Abteilung kommt direkt nach der Betriebshalle.

(*f*) Gehen Sie hier links, dann klopfen Sie an der vierten Tür rechts. Aber Moment bitte, ich muss Sie zuerst anmelden.

Kapitel 4, Übung 5 (Seite 46)

(*a*) Ich beziehe mich auf Ihr Angebot vom dritten März, Ihr Zeichen UV/js. Ich habe mir die Sache gründlich überlegt und möchte jetzt bei Ihnen folgendes bestellen:

Einen Personal-Computer Preis DM2875,–
Eine Packung Disketten zu DM12,–
Lieferung: spätestens Ende des Monats
Zahlung: innerhalb vier Wochen.

(*b*) ● Guten Tag, Herr Schröder, hier Benning von der Autowerkstatt Schmidt. Haben Sie Autoreifen, Größe 175–SR–14–TL noch vorrätig?
■ Ja, haben wir.
● Dann schicken Sie mir bitte 50 Stück zu. Ich habe gerade meinen letzten verkauft.
■ Dann liefern wir sie sofort.
● Gut, geben Sie mir eben den Gesamtbetrag durch?
■ Moment, also, DM205,– mal 50, das macht DM10 250–. Dann bekommen Sie 2% Rabatt. Gesamtbetrag DM10 245,–. Die Rechnung schicken wir lhnen in ein paar Tagen zu. Wie ist Ihre Kunden-Nummer bitte?
● 407796.
■ Wenn Sie die Rechnung innerhalb von 14 Tagen bezahlen, bekommen Sie noch 1% Skonto.

(c) ● Grüß Gott, Herr Röhrs, wir brauchen möglichst schnell neue Queues und Bälle für unsere
        Snooker-Tische. Wir haben nächsten Dienstag einen Wettkampf in unserem Sportverein.
     ■ Das schaffen wir, glaube ich. Welche Größe brauchen Sie?
     ● Länge 1475mm. Mittelgewicht. Was kosten die denn?
     ■ Mal sehen. DM135,– das Stück inklusive Mehrwertsteuer. Wie viele brauchen Sie?
     ● Zehn Stück.
     ■ Das macht insgesamt DM1350,– . Brauchen Sie sonst noch etwas?
     ● Ja, einen Satz Bälle, Größe 52,5mm, 22 Stück, Referenz 3387. Ist ein weißer Ball auch dabei?
     ■ Sie bekommen einen weißen.
     ● Kriegen wir eine Ermäßigung?
     ■ Für diese Menge bekommen Sie 5%.

Kapitel 4, Übung 10 (Seite 49)

● Guten Tag, Herr Schwarz. Ich beziehe mich auf unser Telefongespräch von gestern. Ich habe
  die Sache mit meinem Vorgesetzten besprochen, und wir möchten bei Ihnen einiges bestellen.
■ Gut. Das freut mich. Moment mal, ich muss mir etwas zum Schreiben holen.
● Ja, erstens: zehn Kameras, Modell NRXC5, zum Preis von je DM455,75. Und zweitens: zehn
  Taschen. Preis DM110,50 das Stück. Drittens: Ferngläser. Modell 67/10, sechs Stück, zum Preis
  von je DM199,95. Ich nehme an, dass diese Preise stimmen.
■ Ja, die sind aus unserer neuesten Preisliste und sind inklusive Verpackung, Lieferung und
  Mehrwertsteuer. Bis wann brauchen Sie die Waren?
● Anfang nächsten Monats, also in zehn Tagen. Bitte schicken Sie alles an unser Geschäft in der
  Kölner Straße.
■ Das geht in Ordnung, Frau Bauer. Wir schicken Ihnen unsere Auftragsbestätigung in den
  nächsten Tagen zu.

Kapitel 5, Übung 4 (Seite 54)

Wann können Sie liefern?
(a) am 22. Oktober
(b) am 27. März
(c) Ende der 42. Kalenderwoche
(d) übernächste Woche
(e) heute in zwei Wochen
(f) Anfang nächsten Monats
(g) so bald wie möglich
(h) schnellstens
(i) erst nächsten Dienstag
(j) am ersten Juni, dann alle vier Monate
(k) Mitte des Jahres

Kapitel 5, Übung 16 (Seite 62)

Warum wurde der Auftrag nicht pünktlich ausgeführt?

(a) Der Sachbearbeiter war krank.
(b) Wir warten auf Lieferungen von Rohstoffen.
(c) Wir mußten einige unserer Maschinen reparieren.

(*d*) Einige Bestandteile, die von unserem Lieferanten bestellt wurden, waren fehlerhaft.
(*e*) Die Verzögerung ist auf einen Hafenarbeiterstreik zurückzuführen.
(*f*) Der Spediteur hatte eine Panne und ein anderer Lkw ist jetzt unterwegs.
(*g*) In unseren Unterlagen steht der übernächste Donnerstag als Liefertermin, nicht heute.
(*h*) Die Waren sind vom Lkw heruntergefallen.
(*i*) Das weiß ich im Moment nicht. Ich muss mal nachsehen.

Kapitel 5, Übung 18 (Seite 62)

Warum beschwert sich der Kunde?

(*a*) Das Gerät funktioniert nicht.
(*b*) Die Maschine ist zu klein.
(*c*) Die Maschine entspricht nicht den Angaben.
(*d*) Es fehlten zwei Teile.
(*e*) Die Waren sind zu spät angekommen. Wir haben die gleichen Waren woanders bekommen.
(*f*) Die Kleider haben die falsche Größe.
(*g*) Sie haben uns 100 Kilo zu wenig geliefert.
(*h*) In jedem Buch fehlen die Seiten 101 bis 105.
(*i*) Die Qualität ist sehr schlecht. Das können wir unserem Kunden wirklich nicht weiterliefern.
(*j*) Diese Größe und Qualität haben wir nicht bestellt.

Kapitel 6, Übung 2 (Seite 68)

(*a*) ● Guten Tag. Ich möchte gern Reiseschecks einlösen.
  ■ Wie viel haben Sie denn?
  ● 150 Pfund Sterling. Wie ist der Wechselkurs heute?
  ■ DM2,52. Das muß ich noch ausrechnen. Ja, sie bekommen DM378,–.

(*b*) ● Ich habe hier etwas englisches Geld, das ich umtauschen möchte.
  ■ Bitte schön. Das Pfund ist heute gestiegen und steht auf DM2,58. Wie viel Geld möchten Sie wechseln?
  ● 225 Pfund.
  ■ Dafür bekommen Sie DM580,85. Das gebe ich Ihnen zum größten Teil in Hundert- und Fünfzigmarkscheinen mit etwas Kleingeld. Geht es so?
  ● Ja, das geht.

(*c*) ● Ich möchte englische Reiseschecks einlösen. Wie steht der Kurs heute?
  ■ Heute ist der Kurs um 10 Groschen von 17,34 auf 17,23 Schilling gefallen. Wie viel Geld möchten Sie wechseln?
  ● 475 Pfund.
  ■ Dafür bekommen Sie 8184,29 Schilling. Dazu kommt unsere Gebühr von 20 Schilling. Also, Sie bekommen 8164,24.

(*d*) ● Guten Tag, nehmen Sie hier schottische Banknoten?
  ■ Ja, die nehmen wir.
  ● Ist der Wechselkurs heute besser?
  ■ Ja, der ist seit gestern etwas gestiegen. Er steht auf 2,07 Franken.
  ● Ich möchte 55 Pfund umtauschen.
  ■ Also, 113,85 Franken abzüglich unserer Gebühr. Dafür bekommen Sie 106,35 Franken.

Kapitel 6, Übung 8 (Seite 70)

Bitte notieren Sie die Daten und Rechnungsnummern.

(a) Ich beziehe mich auf unsere Rechnung Nr.1286 vom 23. Mai.

(b) Haben Sie meine Rechnung yl/708 vom 27. Februar?

(c) Ihre Rechnung Nr. 652 bezieht sich nicht auf die von uns erhaltenen Waren.

(d) Unsere Rechnung 941 vom 1. März stimmt nicht.

(e) Rechnung Nr. sz/392 ist noch nicht bezahlt.

(f) Bitte begleichen Sie sofort unsere Rechnung 90/156/wb vom 29. Juli.

(g) Wir beziehen uns auf einige Außenstände und zwar die Rechnungen 624 und 719 vom 8. Mai und 20. Juni.

(h) Unsere Rechnung Nr. 47532 haben wir gestern abgeschickt. Die müsste morgen bei Ihnen sein.

Zusätzliche Aufgaben, Übung 4 (Seite 77)

Liefertermin

(a) Wann brauchen Sie diese Waren?
    Die müssen Ende Juni bei uns sein.

(b) Wann erwarten Sie die neuen Maschinen?
    Sie kommen innerhalb zwei Monaten.

(c) Können Sie uns den Auftrag übermorgen liefern?
    Ja, sicher, kein Problem.

(d) Wann sind diese Artikel denn angekommen?
    Erst im September.

Zahlungsbedingungen

(a) Welche Zahlungsbedingungen haben Sie?
    Zahlung innerhalb von 30 Tagen nach Rechnungserhalt.

(b) Wann müssen wir unsere Rechnung begleichen?
    Bis zum Ende dieses Monats, sonst kriegen Sie keine Ermäßigung.

(c) Schicken Sie mir eine Rechnung?
    Das können wir, aber bei Barzahlung bekommen Sie Skonto.

(d) Wann sollen wir zahlen?
    Zahlen Sie bitte bei Erhalt der Paletten.

Lieferung und Preise

(a) Wie sind Ihre Lieferungsbedingungen?
    Die Teile werden frei Ihrer Fabrik geliefert.

(b) Müssen wir für Fracht extra zahlen?
    Nein, unsere Preise verstehen sich frei Ihrem Lagerhaus.

(c) Können Sie die Kisten an unsere Adresse in London liefern?
    Nein, leider nicht. Unsere Preise verstehen sich nur frachtfrei Bremerhaven.

(d) Liefern Sie die Waren an unser Geschäft oder müssen wir sie selbst abholen?
    Nach Wahl. Sagen Sie uns Bescheid, damit wir Ihnen ein festes Angebot unterbreiten können.

(e) Sind Ihre Preise inklusive Verpackung, Versicherung und Fracht?
    Ja, sicher.

(f) Können Sie uns keinen Rabatt geben?
    Nein, das sind unsere günstigsten Preise.

Zusätzliche Aufgaben, Übung 8 (Seite 78)

(*a*) Der Mitarbeiter, mit dem Sie sprechen möchten, telefoniert gerade.
(*b*) Der Auftrag, den Sie uns geschickt haben, ist leider nicht angekommen.
(*c*) Die Waren, die Sie heute abholen wollen, sind jetzt fertig.
(*d*) Die Dame, mit der ich arbeite, spricht sehr gut Französisch.
(*e*) Der Kollege, der neben mir sitzt, heißt Herr Walter.
(*f*) Die Waren, die eilig gebraucht werden, müssen sofort verpackt werden.
(*g*) Die Rechnung, die Sie heute bekommen haben, stimmt leider nicht.
(*h*) Die Leute, von denen Sie sprechen, werden morgen erwartet.

Kapitel 7, Übung 6 (Seite 83)

(*a*) Lufthansa bittet alle Passagiere des Fluges 5392 zum Ausgang 8.
(*b*) Guten Tag, meine Damen und Herren. Lufthansa-Flug 6015 ist nun zum Einsteigen bereit. Wir bitten Sie jetzt nicht mehr zu rauchen. Fluggäste mit grünen Bordkarten bitten wir zuerst einzusteigen, danach Fluggäste mit blauen Bordkarten.
(*c*) Meine Damen und Herren, wir sind in wenigen Minuten zum Start bereit und bitten Sie nun Ihre Sitzgurte anzulegen und festzuziehen. Bitte klappen Sie die Tische hoch und stellen Sie die Rückenlehne senkrecht.
(*d*) Meine Damen und Herren, wir möchten Sie nun mit den Sicherheitsvorkehrungen an Bord unseres Flugzeuges vertraut machen. Dieses Flugzeug hat sechs Notausgänge. Sie sind gekennzeichnet durch das Wort Ausgang oder Exit. Unsere Sicherheitsinstruktionen sagen Ihnen, wo sich diese Ausgänge befinden und wie sie zu benutzen sind.
(*e*) Sollte ein unerwarteter Druckverlust eintreten, fällt automatisch eine Sauerstoffmaske aus der Klappe über Ihrem Sitz. In diesem Fall bitten wir Sie das Rauchen einzustellen und die Sauerstoffmaske fest auf Mund und Nase zu drücken.
(*f*) Meine Damen und Herren, wir befinden uns jetzt im Anflug auf Hamburg und bitten Sie nun nicht mehr zu rauchen und die Sitzgurte wieder anzulegen. Des Weiteren bitten wir Sie die Tische wieder hochzuklappen und die Rückenlehnen Ihrer Sitze wieder in aufrechte Position zu bringen.

Kapitel 7, Übung 10 (Seite 86)

- Ich fahre nächste Woche zur Frankfurter Messe und möchte am Freitag von München nach Frankfurt fliegen.
- Morgens oder nachmittags?
- Nachmittags, wenn möglich.
- Ich empfehle Ihnen Flug Nummer LT 8603 15.15 Uhr von München. Sie sind dann um 16.25 in Frankfurt.
- Prima. Ich wäre Ihnen sehr dankbar, wenn Sie mir einen Platz reservieren könnten.

Kapitel 7, Übung 15 (Seite 88)

HANNOVER

CeBIT

8.-15.3. Chips und bites: „Cebit Hannover – WeltCentrum – Büro – Information – Telekommunikation" zeigt Verwirrendes und Verlockendes aus elektronischen Welten. Zur größten internationalen Austellung dieser Branche werden über 5000 Aussteller und rund 600 000 Besucher erwartet.

MÜNCHEN

ispo – Fachmesse für Sportartikel und Sportmode
27.8.-30.8. Eine Messe, die es gleich zweimal gibt: einmal im Frühjahr, einmal im Herbst. Die Frühjahrsversion war bereits Monate

BERLIN

autotechnica
26.-29.10. Die Autobranche stellt ihre neuesten

LEIPZIG

Leipziger Frühjahrsmesse
1.-4.3. Die älteste Messe der Erde und die einst wichtigste Ost-West-Drehscheibe im Handel hat nach dem Zusammenbruch der alten Strukturen Osteuropas ihre Funktion als

vorher ausgebucht: kein freier Platz mehr auf 124 000 Quadratmetern. Auch bei der Messe im August wird es eng werden. Über 1300 Sportartikel-Hersteller und Fachgeschäfte aus rund dreißig Ländern werden in der Landeshauptstadt zu der Fachbesuchern vorbehaltenen Messe erwartet.

Errungenschaften vor. Sicherheitstechnik und alternative Treibstoffe spielen dabei eine wichtige Rolle.

zentrale Industriemesse verloren. Daher präsentiert sie sich nun in neuer Form, aufgeteilt in verschiedene Fachmessen. In diesem Jahr sind es die Ausstellung „Terratec", in der es um den Umweltschutz geht, die Verpackungsmesse und die Messe „Technologie und Innovation".

Kapitel 8, Übung 6 (Seite 98)

(a) ● Guten Tag, Hier Braun von der Firma Becker in Innsbruck. Ich wollte Sie zu der Eröffnung unserer neuen Büros einladen, und zwar am Montag, dem 13. Mai.
   ■ Vielen Dank. Das möchte ich gern. Wo sind denn die neuen Büros?
   ● Salzburger Straße 27. Kommen Sie um 12.00 und melden Sie sich an der Rezeption. Ich komme dann herunter. Wir können dann nachher zusammen essen gehen.
(b) ● Hättest du Lust heute zur Eröffnung der neuen Brauerei zu gehen? Ich habe zwei Eintrittskarten. Mein Kollege kann nicht kommen.
   ■ Danke, das wäre sehr interessant.
   ● Wir können auch das neue Bier probieren. Das soll sehr gut schmecken und wird an dem Tag auf den Markt gebracht. Wir bekommen auch dort etwas zu essen.
   ■ Wann fängt das an?
   ● Um 17.00 Uhr. Schaffst du das?
   ■ Ja, klar. Wo treffen wir uns?
   ● In der Ludwigstraße. Die Brauerei siehst du dort ganz bestimmt. Wir treffen uns davor.
(c) ● Dettmer Installation.
   ■ Guten Tag. Ich rufe Sie wegen der Eröffnung des neuen Sportzentrums an. Die Arbeit ist jetzt fertig und das Zentrum soll am vierten September um 16.00 Uhr eröffnet werden. Wir laden viele unserer Lieferanten ein und wären sehr froh, wenn Sie und Ihre Kollegen bzw. Kolleginnen kommen könnten. An dem Abend dürfen Sie soviel Sport treiben, wie Sie möchten.
   ● Es kommt darauf an, was für Arbeit wir zu der Zeit haben.
   ■ Gut. Rufen Sie mich zwei Tage vorher wieder an.
(d) ● Fritz, ich habe Karten für das Formel-Rennen in Hockenheim im Juli. Hättest du Lust, mitzukommen?
   ■ Ja, gerne. Ich war noch nie da, ich habe es nur im Fernsehen gesehen.
   ● Gut, die Karten sind für den 28. Juli. Wir haben sehr gute Plätze in der vordersten Reihe.

- Ach Mensch, dann kann ich nicht kommen. Wir sind nämlich im Urlaub.
- Das ist schade. Dann versuch' ich den Jürgen. Viel Spaß im Urlaub.
- Danke, und vielen Dank auch für die Einladung.

Kapitel 8, Übung 10 (Seite 99)

Guten Abend. Hier ist das Fremdenverkehrsamt. Wir sind montags bis freitags von 9 bis 18.00 Uhr und sonntags und feiertags von 10 bis 17.00 Uhr geöffnet. Wir geben Ihnen jetzt einen kurzen Überblick über unsere Stadt und Umgebung.

Wenn Sie in der Stadt bleiben möchten, haben wir ein großes Unterhaltungsangebot. Gehen Sie z.B. ins „Theater am Rhein" in der Luegallee. Karten bekommen Sie an der Kasse. Außerdem haben wir zwei Kinos, das „Lichtbild" in der Bahnhofstraße und das „Merkur" am Marktplatz.

Für Sportler gibt es ein Hallenbad in der Grünstraße und ein Freibad etwas außerhalb der Stadt in der Nähe des Stadions im Vorort Gladbach. Im Naturpark finden Sie auch einige Trim-dich-Pfade.

Zu den zahlreichen kulturellen Einrichtungen und historischen Bauten gehören das Museum, die Kunstgalerie, eine Bibliothek, das Rathaus aus dem letzten Jahrhundert, die Liebfrauenkirche und das Schloss mit seinem Park. Alle befinden sich in der Stadtmitte und sind gut ausgeschildert.

Sehr empfehlenswert, besonders für Familien, ist ein Besuch im Zoo im Stadtteil Heimbach. Schiffsausflüge auf dem Rhein sind auch sehr beliebt.

Wenn Sie weitere Fragen haben, rufen Sie uns während der Öffnungszeiten an oder kommen Sie persönlich zu unserer Informationsstelle in der Alteckstraße.

In der Zwischenzeit wünschen wir Ihnen einen angenehmen Aufenthalt.

Kapitel 9, Übung 9 (Seite 107)

Die Telefonnummern, die Sie brauchen, sind wie folgt:
Vorwahl 089 dann 32 60 59.
Vorwahl 058 dann 46 73 81.
Vorwahl 074 dann 79 45 22.
Telefonnummer 08141 600 für die Zentrale, oder Sie können direkt durchwählen mit der Nummer 08141 6 13 26.
Eine Vorwahl brauchen Sie nicht, nur die Nummer 4 72 31. Das ist die Zentrale. Von dort werden Sie verbunden.

Kapitel 9, Übung 15 (Seite 110)

(a) Guten Tag. Hier Firma Bauer AG. Unser Büro ist heute nicht besetzt. Bitte sprechen Sie Ihren Namen und Ihre Telefonnummer aufs Tonband. Wir setzen uns dann morgen mit Ihnen in Verbindung.

(b) Müller, guten Tag. Diese Woche bin ich im Urlaub. Wenn Sie dringende Fragen haben, wenden Sie sich an meinen Partner, Dr. Bisch, der unter Nummer 60 81 74 zu erreichen ist, oder hinterlassen Sie Ihren Namen und Ihre Telefonnummer. Nach meiner Rückkehr hören Sie von mir.

(c) Guten Tag. Hier Kellermann. Leider sind wir zwischen 11.00 Uhr und 15.30 Uhr nicht zu sprechen. Sie können uns ab 15.30 Uhr wieder erreichen. Ansonsten steht Ihnen unser automatischer Anrufbeantworter zur Verfügung. Bitte sprechen Sie nach dem Signalton.

Kapitel 10, Übung 8 (Seite 123)

(*a*) Sehr geehrte Herren,
       bitte schicken Sie mir alle Rechnungen, Quittungen und Kontoauszüge zu, damit die
       Buchhaltung den Jahresabschluss machen kann.
       Mit freundlichen Grüßen
(*b*) Sehr geehrte Frau Koch,
       bitte lesen Sie den beigefügten Vertrag zwischen Ihnen und Ihrem Nachbarn durch. Wenn alles
       in Ordnung ist, können Sie den Vertrag unterschreiben.
       Hochachtungsvoll
(*c*) Sehr geehrte Herren,
       hiermit erteilen wir Ihnen die Genehmigung für den Abdruck unserer drei Fotos von Köln und
       dem Rhein. Wir bitten um die Übersendung einer Gebühr von DM144,– sowie eines
       Exemplars Ihres Buches.
       Mit freundlichen Grüßen
(*d*) Sehr geehrter Herr Schneider,
       Ihren Antrag auf Baugenehmigung für eine Fabrik in der Steinstraße Nr. 6 müssen wir leider
       ablehnen. Dieses Grundstück steht mitten in einem Wohnviertel und ist für industrielle bzw.
       kommerzielle Zwecke nicht geeignet. Wir fügen Ihnen eine Kopie unseres Bescheids bei.
       Mit freundlichen Grüßen

Zusätzliche Aufgaben, Übung 3 (Seite 129)

Das CCD. Congress Center Düsseldorf ist von überallher gut zu erreichen – mit dem eigenen Wagen oder mit öffentlichen Verkehrsmitteln.

Mit der Bahn

Täglich halten mehr als 1.000 Reisezüge in Düsseldorf – günstige Verbindungen sind damit garantiert. Vom Hauptbahnhof Düsseldorf bringen Sie die U-Bahnen U78 und U79 in circa 15 Minuten zum CCD. (Haltestelle Stockumer Kirchstraße)

Mit öffentlichen Verkehrsmitteln

Benutzen Sie die U-Bahnen U78 und U79 bis Stockumer Kirchstraße oder den Bus 722 bis CCD. Ost, CCD. Süd bzw. Stadhalle.

Mit dem Flugzeug

Der Flughafen ist nur 3 km entfernt. Von dort aus erreichen Sie das CCD. Congress Center Düsseldorf entweder per Taxi oder mit dem Bus 896 in wenigen Minuten.

Mit dem Auto

Ein dichtes Autobahnnetz umgibt Düsseldorf. Folgen Sie der Beschilderung Messe Düsseldorf, dann CCD. Congress Center Düsseldorf.

Zusätzliche Aufgaben, Übung 7 (Seite 131)

Wir können Ihrer Firma Folgendes anbieten:
Zehn Videorekorder mit Fernbedienung, Stückpreis DM995,00, Gesamtpreis DM9950,00. Mit 3%
Mengenrabatt ist das DM9651,50.
Vier CD-Spieler zu einem Preis von je DM599,00, Gesamtpreis DM1996,00. Für diese Waren
können wir Ihnen einen Rabatt von 1% geben. Das macht DM1976,00.
Ein Mikrowellenherd zu einem Stückpreis von DM499,00 mit sechs Leistungen. Dafür können wir
Ihnen keinen Rabatt gewähren. Preise sind inklusive Verpackung und Mehrwertsteuer, aber nicht
Lieferung. Wenn wir die Waren auch liefern sollen, müssen wir noch DM30,00 in Rechnung stellen,
aber Sie können sie auch selbst abholen.
Zahlung: wie üblich.

Zusätzliche Aufgaben, Übung 8 (Seite 131)

Guten Tag. Hier Fuchs von der Firma Prima Strickmoden, Hafenweg 48, in Hamburg.
Ich beziehe mich auf unsere Rechnung Nr. 46953, Gesamtbetrag DM4200,55, vom 30. Januar, und unsere Rechnungsmahnung vom 28. Februar. Wir bitten nochmals höflichst um Begleichung innerhalb sieben Tagen.

Irregular verbs

The following is a list of the principal parts of irregular verbs occurring in *Working with German Coursebook 2*.

Verbs taking *sein* in the perfect tense are marked [†] in the main vocabulary list.

Infinitive	3rd Person Singular Present	3rd Person Singular Imperfect	Past Participle
bieten	bietet	bot	geboten
binden	bindet	band	gebunden
bleiben	bleibt	blieb	geblieben
brechen	bricht	brach	gebrochen
bringen	bringt	brachte	gebracht
empfehlen	empfiehlt	empfahl	empfohlen
fangen	fängt	fing	gefangen
fallen	fällt	fiel	gefallen
finden	findet	fand	gefunden
geben	gibt	gab	gegeben
gehen	geht	ging	gegangen
gelten	gilt	galt	gegolten
gleichen	gleicht	glich	geglichen
haben	hat	hatte	gehabt
halten	hält	hielt	gehalten
hängen	hängt	hing	gehangen
heben	hebt	hob	gehoben
kennen	kennt	kannte	gekannt
kommen	kommt	kam	gekommen
laden	lädt	lud	geladen
lassen	läßt	ließ	gelassen
leihen	leiht	lieh	geliehen
liegen	liegt	lag	gelegen
messen	misst	maß	gemessen
nehmen	nimmt	nahm	genommen
nennen	nennt	nannte	genannt
rufen	ruft	rief	gerufen
schaffen	schafft	schuf/schaffte	geschaffen/geschafft
scheiden	scheidet	schied	geschieden
scheinen	scheint	schien	geschienen
schieben	schiebt	schob	geschoben
schlagen	schlägt	schlug	geschlagen
schneiden	schneidet	schnitt	geschnitten
schreiben	schreibt	schrieb	geschrieben
sehen	sieht	sah	gesehen

Infinitive	3rd Person Singular Present	3rd Person Singular Imperfect	Past Participle
sein	ist	war	gewesen
senden	sendet	sandte } sendete }	gesandt } gesendet }
sinken	sinkt	sank	gesunken
sitzen	sitzt	saß	gesessen
sprechen	spricht	sprach	gesprochen
stehen	steht	stand	gestanden
steigen	steigt	stieg	gestiegen
tragen	trägt	trug	getragen
treffen	trifft	traf	getroffen
treiben	treibt	trieb	getrieben
tun	tut	tat	getan
vergessen	vergisst	vergaß	vergessen
verlieren	verliert	verlor	verloren
weisen	weist	wies	gewiesen
wenden	wendet	wandte } wendete }	gewandt } gewendet }
werfen	wirft	warf	geworfen
wissen	weiß	wusste	gewusst
ziehen	zieht	zog	gezogen

Abbreviations

b.	*bis*	until
betr.	*betrifft*	concerning
ca.	*circa*	approximately
EDV	*elektronische Datenverarbeitung*	processing by computer
EU	*Europäische Union*	European Union
evtl.	*eventuell*	possibly
f.	*für*	for
fr.	*frei*	free delivery
ges.	*gesucht*	sought
i.A.	*im Auftrag*	on behalf (of)
J.	*Jahre*	years
Inh.	*Inhaber*	proprietor
KW	*Kalenderwoche*	calendar week
MEZ	*mitteleuropäische Zeit*	Middle European time
MwSt.	*Mehrwertsteuer*	value added tax
od.	*oder*	or
prov.	*provisorisch*	provisional
s.	*siehe*	
S.	*Seite*	page
sof.	*sofort*	immediately
St.	*Stück* item, *Stelle/Stellung*	job vacancy
Ustdn.	*Unterrichtsstunden*	hours of tuition
verk.	*verkaufen*	to sell
v.	*von*	from
z.Hd.	*zu Händen*	for the attention (of)

Vocabulary list

* irregular verb
† verbs taking *sein* in the perfect tense

A

ab (*dat*) from
ab und zu now and again
ab Lager ex stock
ab Werk ex works
abdrucken (*sep*) to print
die **Abfahrt, –en** exit
die **Abfertigung, –en** 'goods out' dept
die **Abflugszeit, –en** departure time
die **Abfrage, –en** request
abhängen von* (*sep*) to depend on
abholen (*sep*) to fetch
ablehnen (*sep*) to turn down, to
decline
das **Abitur** approximate equivalent of
A-level
abmessen* (*sep*) to measure
die **Abmessung, –en** measurement,
dimension
abnehmen* (*sep*) to remove, lift
das **Abonnement, –s** subscription
der **Abonnent, –en** subscriber
abrufen to call up
abrunden (*sep*) to complete,
to round off
abschicken (*sep*) to dispatch
absehbar foreseeable
abspeichern (*sep*) to save
abwechslungsreich varied
die **Agentur, –en** agency
ähnlich similar
das **Akkreditiv, –e** letter of credit
die **Akte, –n** file
aktuell present, current
akzeptieren to accept
allerbeste very best, utmost
alle paar every few
alle zwei every two
alles everything
allgemein general
allmählich gradually

die **Altersgrenze, –n** age limit
das **Aluminium** aluminium
anbei enclosed
anbieten (*sep*) to offer
die **Anbindung, –en** connection
anbringen (*sep*) to fix
andere other
unter Anderem among other things
ändern (*refl*) to alter
der **Anfang, ¨-e** beginning
anfangen* (*sep*) to begin
anfechten* (*sep*) to contest
anfordern (*sep*) to request
das **Anforderungsprofil, –** suitability
profile
die **Anfrage, –n** enquiry
die **Angabe, –n** detail
angeben* (*sep*) to give details of
das **Angebot, –e** offer, quotation
die **Angelegenheit, –en** matter
angenehm pleasant
angesichts with regard to, in view of
der/die **Angestellte, –n** employee
anhand (*gen*) with the help of
anhören (*sep*) to listen to
anknüpfen to establish
die **Anknüpfung, –en** connection
die **Ankunftshalle, –n** arrivals area
die **Ankunftszeit, –en** arrival time
die **Anlage, –n** enclosure
anlegen (*sep*) to arrange
anliefern (*sep*) to deliver
anmelden (*sep*) to sign in, register
die **Anmeldung, –en** registration
die **Annahme, –n** 'goods in' entrance
annehmen* (*sep*) to accept
die **Annonce, –n** advertisement
annehmbar acceptable
der **Anruf, –e** telephone call
anrufen (*sep*) to phone
die **Ansage, –n** announcement

anschauen (*sep*)   to look at

anschließen* (*sep*)   to connect

der   **Anschluss, ⁻sse**   connection

anschreiben (*sep*)   to write to

die   **Anschrift, –en**   address

die   **Ansicht, –en**   view, opinion

die   **Ansiedlung, –en**   establishment

ansonsten   otherwise

der   **Anspruch, ⁻e**   demand

anstatt (*gen*)   instead of

anstrengend   tiring

der   **Anteil, –e**   proportion, share

die   **Antenne, –n**   aerial

der   **Antrag, ⁻e**   application

das   **Antragsformular, –e**   application form

die   **Antwort, –en**   answer

Anweisung, –en   instruction

die   **Anwendung, –en**   use, application

die   **Anzahlung, –en**   deposit

die   **Anzeige, –n**   advertisement

anzeigen (*sep*)   to report, notify

anziehen* (*sep*)   to put on

der   **Apparat, –e**   telephone

die   **Arbeit, –en**   work

die   **Arbeitsform, –en**   pattern of work

der   **Arbeitgeber, –**   employer

arbeitslos   unemployed

die   **Arbeitskraft, ⁻e**   manpower, workforce

der   **Arbeitsplatz, ⁻e**   work-place, job vacancy

der   **Arbeitsplatzabbau**   down-sizing

die   **Arbeitsstelle, –n**   job, position

die   **Armbanduhr, –en**   wristwatch

der   **Artikel, –**   article, item

ätzend   corrosive

die   **Auffahrt, –en**   drive, approach road

aufführen (*sep*)   to list

die   **Aufgabe, –n**   task

aufgeben* (*sep*)   to place (an order),
      to give up

aufgeteilt   split

aufgrund   because of

aufheben* (*sep*)   to pick up

aufholen (*sep*)   to regain

auflegen (*sep*)   to put down

aufnehmen* (*sep*)   to take up

aufrüsten   to equip

aufstellen (*sep*) to set up

der   **Auftrag, ⁻e**   order

die   **Auftragsbestätigung, –en**   confirmation
      of order

das   **Auftreten**   outward appearance

die   **Ausbildung, –en**   training

der   **Ausdruck, ⁻e**   expression

ausführen (*sep*)   to fulfil (an order)

die   **Ausfuhrgenehmigung, –en**   export
      licence

ausfüllen (*sep*)   to fill in

ausgedehnt   lengthy

die   **Ausgeglichenheit, –en**   stability

ausgehen* (*sep*)   to go out

ausgenommen   except

auskennen* (*refl*) (*sep*)   to know one's
      way around

die   **Auskunft, ⁻e**   information

die   **Auslandsauskunft, ⁻e**   overseas
      directory enquiries

die   **Auslandserfahrung, –en**   experience
      of working abroad

ausleihen   to lend

ausreichend   sufficient

ausrechnen (*sep*)   to calculate

ausrichten (*sep*)   to tell, to give a message

der   **Ausritt, –e**   pony trek

der   **Ausschuss, ⁻sse**   committee

aussehen* (*sep*)   to look, to appear

außer   except for, outside

der   **Außenbezirk, –e**   surrounding area

der   **Außenhandel**   foreign trade

der   **Außenstand, ⁻e**   outstanding payment

ausstatten (*sep*)   to equip

die   **Ausstattung, –en**   equipment

ausstellen (*sep*)   to issue, to exihibit

die   **Ausstellung, –en**   exhibition

aussuchen (*sep*)   to choose, to select

der   **Austausch, –e**   exchange

die   **Auswahl, –en**   choice

auszeichnen (*sep*)   to award

der   **Auszug, ⁻e**   extract

die   **Autobahn, –en**   motorway

der   **Autohändler, –**car dealer

der   **Autoreifen, –**   car tyre

die   **Autoreservierung, –en**   car reservation
      office

das   **Autotelefon, –e**   car telephone

die   **Autowerkstatt, ⁻en**   car repair garage

B

baden gehen   to go under (literally,
      'to go swimming')

die   **Bahn, –en**   railway

die **Bahnfracht, –en** rail freight

der **Bahnhof, –̈e** station

baldig prompt

der **Ball, –̈e** ball

das **Ballett, –e** ballet

das **Bankkonto, –s** bank account

die **Bankverbindung, –en** bank details (literally 'connection')

bar in cash

das **Bargeld, –er** cash

bauen to build

das **Bauwerk, –e** building

bayrisch Bavarian

beantworten to answer

bedanken (*refl*) to thank

bedauern to regret

bedeuten to mean

bedeutend significant

die **Bedeutung** significance

die **Bedingung, –en** condition

befinden* (*refl*) to be (situated)

begehren to desire

die **Begleichung, –en** settlement

begleiten to accompany

begründen to found

begrüßen to greet

die **Begünstigung, –en** promotion

der **Behälter, –** case, container

die **Behandlung, –en** treatment

behaupten to maintain

beherrschen to have command of

die **Behörde, –n** authority

bei at

beifügen (*sep*) to enclose

beilegen (*sep*) to enclose

das **Beispiel, –e** example

beispielsweise for example

bekannt acquainted, well-known

der/die **Bekannte, –n** acquaintance

bekannt machen (*sep*) to introduce

bekommen* to receive, to get

die **Beleuchtung, –en** lighting

die **Benennung, –en** description

benötigen to need

benutzen to use

die **Benutzungsanleitung, –en** operating instruction

die **Benutzung, –en** use

bequem convenient, comfortable

beraten* to advise

die **Beratung, –en** advice

berechnen to calculate

berechtigen to entitle

der **Bereich, –e** area

bereit prepared

bereiten (*refl*) to prepare (oneself)

der **Bericht, –e** report

berücksichtigen to take into account

beruflich vocational, professional

berufsfremd new to this field

beschädigt damaged

beschaffen to obtain

beschäftigen employ

der/die **Beschäftigte, –n** employee

Bescheid sagen to tell

Bescheid wissen* to know

die **Beschichtung, –en** covering, coating

die **Beschilderung, –en** signposting

beschreiben* to describe

die **Beschwerde, –n** complaint

das **Besetztzeichen, –** engaged tone

besichtigen to view

besondere special

besonders particularly

besprechen* to discuss

die **Besprechung, –en** discussion

der **Bestandteil, –e** component part

bestätigen to confirm

bestehen* to be, exist

bestehen aus* (dat) to consist of

bestellen to order

der **Besteller** customer

die **Bestellmenge, –n** amount ordered

die **Bestellkopie, –n** copy of order

die **Bestellnummer, –n** order number

die **Bestellung, –en** order

der **Bestimmungsort, –e** destination

bestimmen to affect, influence

beträchtlich considerable

der **Betrieb, –e** business, company

außer Betrieb out of operation

die **Betriebsanlage, –n** works equipment

die **Betriebsferien** (pl) company/works holiday

die **Betriebshalle, –n** workshop

die **Bevölkerungsdichte, –n** population density

bewerben (*refl*) **um** to apply for

der **Bewerber, –** applicant

das **Bewusstsein** awareness

	bezahlen to pay (for)
	beziehen* (*refl*) **auf** (*acc*) to refer to
	beziehungsweise or, alternatively
die	**Bezugnahme, –n** reference
	Bezug nehmen* to refer to
die	**Bezugsbedingung, –en** purchase condition
die	**Bezugsquelle, –en** source
die	**Bibliothek, –en** library
der	**Biergarten, ⁻** beer garden
	bieten* to offer
der	**Bildungsurlaub** educational holiday
die	**Binnenschifffahrt** inland shipping
	bisherig previous
	bitten* to ask
die	**Blende, –n** fascia, header panel
der	**Blick, –e** view
	blitzen to flash with lightening
der	**Bote, –n** messenger, personal delivery
	brauchen to need
die	**Breite, –n** width
der	**Briefwechsel, –** correspondence
die	**Brücke, –n** bridge
die	**Brückenwaage, –n** weighbridge
	brutto gross
das	**Bruttojahreseinkommen, –** gross annual income
der	**Bürgermeister, –** mayor
die	**Büroausstattung** office furnishings
die	**Bürotechnik** office technology
das	**Buch, ⁻er** book
	buchen to reserve, book
der	**Buchstabe, –n** letter of alphabet (weak noun)
	buchstabieren to spell
die	**Bundesbahndirektion** management of German Railways
der	**Bürger, –** citizen
das	**Büro, –s** office

C

der	**Chef, –s** boss
die	**Chemie** chemistry
	chemiefrei free from chemicals
die	**Chemiefabrik, –en** chemical factory
der	**Chemiker, –** chemist
	chemisch chemical
	circa about, approximately
der	**Computer, –** computer
	mit Computern umgehen können to be computer literate

der	**Container, –** container

D

	da there, since
das	**Dach, ⁻er** roof
der	**Dachlast, –en** roof load
	dagegen on the other hand
	damals at that time
die	**Damenhose, –n** ladies' trousers
	damit so that, in order that
die	**Dampferfahrt, –en** steamer trip
	danach after that
	dankbar thankful
die	**Datenautobahn** information highway
das	**Datum, Daten** date
die	**Dauer, –n** duration
der	**Dauerauftrag, ⁻e** standing order
	dauernd constantly
	dazu in addition
der	**Deich, –e** dike
das	**Depot, –s** depot
	derzeitig current
	des Weiteren moreover
	deutlich clear(ly)
	deutschsprachig German-speaking
der	**Diaprojektor, –en** slide projector
	dicht dense
	diktieren to dictate
die	**Dimension, –en** dimension
der	**Dirigent, –en** conductor
die	**Diskette, –n** disk
	diskutieren to discuss
das	**Display, –s** display screen
der	**Dolmetscher, –** interpreter
der	**Dom, –e** cathedral
	donnern to thunder
	dort there
die	**Drehscheibe, –n** centre
	dreieinhalb three and a half
	dringend urgent(ly)
	zu dritt in threes
	drucken to print
	drücken to press
der	**Drucker, –** printer
die	**Druckerei, –en** printing works
die	**Drucksache, –n** printed matter
	durchgeben* (*sep*) to send
	durchgehend continuous
	durchkommen* † (*sep*) to get through, get connected

durchstellen   to put through, transfer
durchwählen (*sep*)   to dial direct
der **Durchschnitt, –e**   average

E

eben   just
ebenfalls   likewise
EDV-mäßige Verarbeitung   processing by computer
ehe   before
ehemalig   former
eigen   own
das **Eigengewicht, –e**   actual weight
das **Eigenkapital**   personal capital
die **Eigenschaft, –en**   quality
das **Eigentum, ̈er**   property
der **Eigentumsvorbehalt, –e**   reservation of proprietary rights
eignen (*refl*)   to be suitable
die **Eilzustellung, –en**   express mail
einarbeiten (*refl*)   to get to grips with
der **Einblick, –e**   insight
einfach   simple
die **Einfahrt, –en**   entrance
der **Eingangstermin, –e**   date of receipt
eingeführt   established
die **Einheit, –en**   unit
einheitlich   together
der **Einheitspreis, –e**   unit price
einige   several
der **Einkauf, ̈e**   purchase
das **Einkaufen**   shopping
die **Einkaufsbedingung, –en**   purchase condition
das **Einkaufskonto, –s**   customer account
einladen* (*sep*)   to invite
die **Einladung, –en**   invitation
einlösen (*sep*)   to exchange
die **Einlösung, –en**   cashing in
einmal   some time, once
einrichten (*sep*)   to start
im Einsatz   in use
einschließlich   including
der **Einschnitt, –e**   gorge
die **Einschränkung, –en**   restriction
einschreiben* (*sep*)   to register
einsetzen (*sep*)   to implement
einstecken (*sep*)   to insert
einsteigen* † (*sep*)   to get in, board
der **Einsteiger, –**   beginner

einstweilig   provisional
eintreffen* (*sep*)   to arrive
eintreiben* (*sep*)   to collect
einverstanden   in agreement
einwerfen* (*sep*)   to insert
die **Einwohnerzahl, –en**   number of inhabitants
die **Einzelheit, –en**   detail
die **Eisenbahn, –en**   railway
die **Eisenbahnlinie, –n**   railway line
die **Eltern** (*pl*)   parents
der **Empfang, ̈e**   reception desk, receipt
in Empfang nehmen*   to receive
empfangen*   to receive
der **Empfänger, –**   recipient
die **Empfangsdame, –n**   receptionist
empfehlen*   to recommend
das **Ende, –n**   end
enden   to end
endgültig   definitely
eng   cramped
englisch   English
das **Enkelkind, –er**   grandchild
enorm   greatly
enthalten*   to contain
das **Entgegenkommen**   co-operation
entnehmen   to obtain
die **Entscheidung, –en**   decision
die **Entscheidungsstärke, –n**   ability to make decisions
entsprechen*   to correspond
entschuldigen (*refl*)   to apologise
die **Entsorgung, –en**   disposal
entweder ... oder   either ... or
entzündlich   inflammable
die **Erde, –n**   Earth
erfahren (adj)   experienced; (verb) to find out
die **Erfahrung, –en**   experience
erfinden*   to devise, to find, to invent
der **Erfolg, –e**   success
erfolgen   to take place
erfolgreich   successful
erforderlich   necessary
die **Erfrischung, –en**   refreshment
erfüllen   to fulfil
ergreifen*   to seize
erhalten*   to receive
der **Erhalt, ̈e**   receipt
erhältlich   obtainable

	erhöhen to increase	
	erklären to explain	
	erkundigen (*refl*) to enquire	
	erinnern to remind	
	erleben to experience	
das	**Erlebnis, –se** experience	
	erledigen to settle	
	erlesen (top) quality	
die	**Ermäßigung, –en** reduction	
die	**Eröffnung, –en** opening	
	erreichen to reach	
	errichten to set up, establish	
die	**Errungenschaft, –en** achievement	
	erscheinen*† to appear	
die	**Erscheinung, –en** appearance	
das	**Erscheinungsbild, –er** overall display	
	ersehen*† to see	
	ersparen to save	
	erst not until	
	erstellen to start up	
	erstens firstly	
	erstrecken to stretch, to extend	
	erteilen to place	
	erträglich bearable, tolerable	
	erwachsen adult	
	erwähnen to mention	
	erwarten to expect	
die	**Erwartung, –en** expectation	
	erwerben to obtain	
	erwünschen to require	
	erzählen to tell	
	erziehen* to educate	
das	**Essen** food	
	etablieren to establish	
das	**Etikett, –en** label	
das	**Etui, –s** case	
	etwa approximately	
	eventuell possibly	
die	**Examensnote, –n** examination mark	
das	**Exemplar, –e** copy	
	explosionsgefährlich danger of explosion	
	exportieren to export	

F

die	**Fabrik, –en** factory	
das	**Fachwissen** specialist knowledge	
die	**Fähigkeit, –en** ability	
die	**Fahrkartenausgabe, –n** ticket office	
der	**Fahrpreis, –e** price of a ticket	

die	**Fahrt, –en** journey	
der	**Fall, ⁻e** case	
	fallen*† to fall	
	fällig due	
die	**Fälligkeit, –n** due date	
	falls in case	
	falsch wrong	
die	**Faltwand, ⁻e** folding display board	
	familiär familiar	
die	**Familie, –n** family	
der	**Familienstand** marital status	
die	**Farbe, –n** colour	
	fehlen to be missing	
	fehlerhaft faulty	
	feiern to celebrate	
der	**Feiertag, –e** public holiday	
	fein fine	
das	**Fenster, –** window	
	fernabtragbar remote control	
die	**Fernbedienung** remote control	
das	**Fernmeldeamt, –er** telephone headquarters	
	fertig ready	
die	**Fertigkeit, –en** accomplishment, skill	
die	**Fertigung** production	
	fest firm, solid, permanent	
	festlich festive	
die	**Festung, –en** fortress	
	feucht damp	
	fettarm low in fat	
die	**Feuerwehr** fire service	
die	**Firma, –en** firm, company	
der	**Fisch, –** fish	
	flach flat	
die	**Fläche, –n** area	
das	**Flächenmaß, –e** surface, square measurement	
der	**Fleiß** diligence	
die	**Flexibilität** flexibility	
	fliegen*† to fly	
der	**Flughafen, ⁻** airport	
	flüssig liquid	
	folgen† (dat) to follow	
die	**Forderung, –en** demand, requirement	
die	**Förderung, –n** advancement, promotion	
der	**Förderbetrag, ⁻e** grant	
das	**Formular, –e** form	
die	**Forschungsabteilung, –en** research department	

die	**Fortbildung** in-service training	
das	**Fotokopiergerät, –e** photocopier	
die	**Fracht, –en** freight	
	frachtfrei freight free	
die	**Frachtliste** freight list	
der	**Fragefall, –e** query	
	eine Frage stellen to ask a question	
	fragen to ask	
der	**Franchise-Nehmer, –** franchisee	
	franko free of charge, franco	
	frei free	
	frei an Bord free on board	
	frei Ihrem Werk free to your works	
der	**Freihafen, –** free port	
die	**Freizeit, –en** free time	
die	**Fremdsprache, –n** foreign language	
die	**Freude** joy	
	freuen (*refl*) **auf** (acc) to look forward to	
	freuen (*refl*) **über** (acc) to be pleased about	
der	**Freund, –e** friend	
die	**Freundin, –nen** friend	
	frisch fresh	
die	**Fristüberschreitung, –en** failure to meet deadline	
	frühestens at the earliest	
	führen to organise (diary)	
der	**Führerschein, –e** driving licence	
die	**Füllmenge, –n** maximum capacity	
	funktionieren to operate	
	furchtbar terrible	
die	**Fußgängerzone, –n** pedestrian precinct	

G

der	**Gang, –e** corridor	
	ganz all, quite	
	gar nichts nothing at all	
das	**Gebäude, –** building	
	gebietsweise in areas	
das	**Gebirge, –** mountains	
	geboren born	
	gebrauchen to use	
die	**Gebrauchstüchtigkeit** effciency, soundness	
das	**Geburtsdatum, –daten** date of birth	
das	**Geburtsland, –er** country of birth	
der	**Geburtsort, –e** place of birth	
	geeignet suitable	
	gefährlich dangerous	
	gefallen* to please	

	gegebenfalls possibly	
die	**Gegebenheit, –en** data	
	gegen against	
die	**Gegend, –en** area	
	gegenseitig mutual	
das	**Gegenteil, –e** opposite	
	gegenüber in contrast with, as opposed to	
die	**Gegenwart** presence	
das	**Gehalt, –er** salary	
das	**Gehaltswunsch, –e** expected salary	
das	**Gehäuse, –** casing	
das	**Geklimper, –** sound	
	gekrümmt folded	
das	**Gelände, –** estate, site	
	gelb yellow	
die	**Gelegenheit, –en** opportunity	
	gelten* to be valid	
	gemäß according to	
die	**Gemeinde, –n** community	
	genau exact, exactly	
die	**Genehmigung, –en** approval, permission	
	genügen to comply with	
die	**Genussmittelindustrie** luxury goods industry	
die	**Gepäckraumhöhe, –n** height of (car) boot	
die	**Gepäckrauminhalt, –e** boot capacity	
	gepflegt refined, well-kept	
	gerade just	
das	**Gerät, –e** equipment, machine	
	gerichtlich legal	
der	**Gesamtbetrag, –e** total amount	
das	**Gesamtgewicht, e** total weight	
der	**Gesamtpreis, –e** total price	
	geschäftlich business	
der	**Geschäftsführer, –** managing director	
der	**Geschäftsmann, –leute** business man	
die	**Geschäftsverbindung, –en** business connection	
	geschult trained	
die	**Gesellschaft, –en** company	
	gesondert separate	
das	**Gespräch, –e** conversation	
	gestalten to lay out	
	gestern yesterday	
	gestrig yesterday's	
das	**Getränk, –e** drink	
das	**Getriebe** gears	

	gewähren to allow	die	**Hansestadt, ⸚e** town belonging to the
das	**Gewicht, –e** weight		Hanseatic League
das	**Gewitter, –** thunderstorm	das	**Handy, –s** mobile phone
	gießen* to pour		**häufig** frequent(ly)
	giftig poisonous	der	**Hauptsitz, –e** head office
	glauben to believe		**zu Hause** at home
	gleich same, immediately, equally	die	**Häuserschlucht, –en** built-up area
	gleichen* to equal		**hausgemacht** home-made
	gleichfalls likewise	die	**Heirat** marriage
	gleichzeitig simultaneously		**heiter** bright
die	**gleitende Arbeitszeit** flexitime	der	**Hektar, –e** hectare
	gnädig gracious		**helfen** (*dat*) to help
	Gnädige Frau Madam		**herabsetzen** (*sep*) to reduce
der	**Grad, –e** degree	die	**Hergabe, –n** presentation
das	**Gramm, –** gram	die	**Herkunft** origin
	grob coarse	das	**Herrenhemd, –en** man's shirt
die	**Größe, –n** size	die	**Herrenjacke, –n** man's jacket
der	**Großhändler, –** wholesale dealer	der	**Hersteller, –** producer, manufacturer
der	**Großvater, ⸚** grandfather	das	**Herz, –en** heart
	grün green		**herzlichst** cordially
der	**Grund, –e** reason		**heute nachmittag** this afternoon
	gründen to found		**heutig** today's, of today
die	**Grundkenntnis, –se** basic knowledge		**hier oben** up here
der	**Grundkurs, e** elementary course	die	**Hilfe** help
die	**Grundlage, –n** foundation	die	**Hinsicht, –en** respect
	gründlich thorough	der	**Hinweis, –e** instruction
die	**Gruppe, –n** group		**hinweisen auf** (*acc*) to point out, to
die	**Grußformel, –n** greeting		refer to
	Grüß Gott! Hello!	der	**Hochdruck** high pressure
	gültig valid		**hochformat** vertical format
der	**Gummi, –s** rubber		**hochklappen** (*sep*) to fold up
das	**Gut, ⸚er** goods		**hochschätzen** (*sep*) to value
der	**Güterverkehr** goods traffic		**höchst** extremely
		die	**Höchstgeschwindigkeit, –en**
			maximum speed
H			**hochwertig** high quality
der	**Hafen, –** dock(s), port		**hoffen auf** (*acc*) to hope for
der	**Hafenstreik, –s** dock strike		**höflich** polite
die	**Hälfte, –n** half	die	**Höhe, –n** height
die	**Haltbarkeit** durability		**in der Höhe von** at a rate of
	halten* to maintain. to present	das	**Holz, ⸚er** wood
das	**Handbuch, ⸚er** handbook		**hören** to hear
die	**Hand, ⸚e** hand	der	**Hörer, –** receiver (telephone)
die	**Hand geben*** to shake hands		
	zu Händen von for the attention of	**I**	
der	**Handel, –** trade		**identifizieren** to identify
	handeln to take action	das	**Identifizierungszeichen, –**
	es handelt sich um it is a question of,		identification (mark)
	it is about		**immer noch** still
der	**Handelspartner, –** trade partner	der	**Immobilienhändler, –** estate agent

	importieren to import	
	imstande sein* to be capable	
die	**Industrie– und Handelskammer, –n** chamber of commerce	
das	**Industrieunternehmen, –** industrial company	
	infolgedessen as a result	
der	**Informatiker, –** computer scientist	
das	**Informationsblatt, ¨-er** information sheet	
die	**Informationsstelle, –n** information desk	
	informell informal	
der	**Inhalt, –e** content	
	inklusive inclusive (of)	
	innerhalb (*gen* or *von*) within	
	insgesamt totalling	
das	**Interesse, –n** interest	
	Interesse an (*dat*) **haben** to be interested in something	
der	**Interessent, –en** applicant	
	irgendein any	

J

das	**Jahr, –e** year	
die	**Jalousie, –n** Venetian blind	
	je of each, per	
	je nach depending on, according to	
	jeder every	
	zu jeder Zeit at any time	
	jedoch however	
	jetzt now	
	jetzig present	
	jeweils of each	
das	**Jubiläum, –äen** jubilee	

K

die	**Kabine, –n** cabin	
der	**Kahn, ¨-e** barge	
der	**Kai, –s** quay	
die	**Kalenderwoche, –n** calendar week	
die	**Kamera, –s** camera	
die	**Kapazität, –n** capacity	
	kaputt broken	
	kariert checked	
die	**Karriere, –n** career	
der	**Karton, –s** carton	
der	**Käse** cheese	
die	**Kasse, –n** cash desk	
der	**Kauf, ¨-e** purchase	

	kaufmännisch commercial	
der	**Kaufpreis, –e** purchase price	
	kaum hardly	
	kennen* to know	
	kennen lernen (*sep*) to meet, to become acquainted, to get to know	
die	**Kenntnisnahme** information	
das	**Kennzeichen, –** mark	
die	**Kernarbeitszeit, –en** main hours of work	
das	**Kilogramm, –e** kilogram	
das	**Kino, –s** cinema	
die	**Kiste, –n** packing-case	
	klangvoll tuneful	
	klar clear	
die	**Klasse, –n** class	
das	**Klavier, –e** piano	
die	**Kleidung** clothing	
die	**Kleinanzeige, –n** small ad	
das	**Klettband** velcro tape	
	klettern to climb	
	klingeln to ring	
die	**Klimaanlage, –n** air-conditioning	
die	**Knappheit, –en** shortage	
der	**Koch, ¨-e** cook	
die	**Kommunikationsfähigkeit** ability to communicate	
die	**Kommunikationsstärke, –n** power of communication	
die	**Kompetenz, –en** competence	
die	**Kondition, –en** condition	
das	**Konnossement, –e** bill of lading	
das	**Konto, –en** account	
der	**Kontostand, –e** balance in bank account	
	kontrollieren to control	
das	**Kontrollsystem, –e** system of inspection	
das	**Konzert, –e** concert	
die	**Konzerthalle, –n** concert-hall	
	konzipieren to institute	
die	**Kooperationsfähigkeit** ability to co-operate	
die	**Kopie, –n** copy	
	korrigieren to correct	
	kostenlos free of charge	
das	**Kraftfahrzeug, –e** motorised vehicle	
der	**Kraftstoff, –e** petrol	
	krank ill	
die	**Krawatte, –n** tie	

die **Kreativität** creativity
die **Kreditkarte, –n** credit card
kreisfrei belonging to a unitary authority
der **Kreisverkehr** roundabout
kriegen to get (colloquial)
der/das **Kubikmeter, –** cubic metre
die **Küche, –n** kitchen, cuisine
der **Kuchen, –** cake
der **Kugelschreiber, –** ball-point pen, biro
der **Kühlschrank, ⁻e** fridge
die **Kulisse, –n** backdrop
der **Kunde, –n** customer (man)
die **Kundin, –nen** customer (woman)
die **Kunst, ⁻e** art
die **Kunstgalerie, –n** art gallery
der **Kurier, –** (express) courier
der **Kurs, –e** course
kurz short
kurz entschlossen spur of the moment
die **Küstenschiffahrt, –en** coastal shipping

L
die **Lage, –n** situation, postion
die **Lagerhalle, –n** warehouse
das **Lagerhaus, ⁻er** warehouse
der **Lagerverwalter, –** warehouse manager
die **Landeskennzahl, –en** national phone code
die **Länge, –en** length
lärmarm quiet
die **Landnummer, –n** country code (telephone)
lang long
langer Samstag late shopping (i.e. until 18.00)
die **Längsseite** length (ship), alongside
die **Last, –en** load
der **Lastkraftwagen, –** lorry
die **Laufzeit, –en** duration
laut according to
der **Lautsprecher, –** loudspeaker
der **Lebenslauf, ⁻e** curriculum vitae
die **Lebensmittel** (pl) foodstuffs
lebhaft lively
das **Leergewicht, –e** weight (unladen)
der **Lehrgang, ⁻e** apprenticeship
leider unfortunately
Leid tun (sep) to be sorry
leisten to offer, give

leisten (refl) (dat) to afford
leistungsfähig efficient
der **Leiter, –** manager
die **Leitung, –en** line
die **Lieferabteilung, –en** delivery department
der **Lieferant, –en** supplier
die **Lieferbedingung, –en** delivery condition
liefern to deliver, supply
der **Lieferschein, –e** delivery note
der **Liefertermin, –e** delivery date
die **Lieferung, –en** delivery
die **Lieferungskosten** (pl) delivery costs
die **Lieferzeit, –en** delivery time
der/das **Liter, –** litre
der **Logistikchef, –s** head of logistics
löschen to extinguish
lösen to solve
die **Luft, ⁻e** air
die **Luftfracht, –en** air freight
der **Luftfrachtbrief, –e** airway bill
die **Luftpost** airmail
Lust haben* to want to

M
die **Mahlzeit, –en** meal
die **Mahnung, –en** reminder, warning
das **Mahnwesen** late payments department
mal multiplied by, times
mal hier mal da sometimes here, sometimes there
manchmal sometimes
der **Mangel, ⁻** shortage
das **Manuskript, –e** manuscript
der **Markenartikel, –** brand name
auf den Markt bringen to launch
der **Marktstand, –e** market stall
die **Maschine, –n** aeroplane
das **Maschinenschreiben** typewriting
die **Masse, –n** mass
maßgebend decisive, acting as a guideline
das **Meer, –e** sea
mehr denn je more than ever
mehrere several
die **Mehrwertsteuer, –n** value added tax
der **Meilenstein, –e** milestone

meinen über (*acc*)   to think, have an
   opinion about
meist   most
das/der **meiste**   most
   meistens   mostly
   melden (*refl*)   to report, answer, get in
   contact
die **Menge, –n**   quantity
der **Mengenbedarf**   quantity required
der **Mengenrabatt, –e**   discount on bulk
   order
die **Messe, –n**   trade fair
der **Messestand, –̈e**   stand at trade fair
der/das **Meter, –**   metre
   mieten   to rent
der **Mietwagen, –**   hire car
das **Mikrofon, –e**   microphone
die **Mikrowelle, –n**   microwave oven
die **Milliarde, –n**   thousand million (British).
   billion (US)
der/das **Millimeter, –**   millimetre
der **Mindestbestellwert, –e**   minimum
   quantity ordered
dcr **Mitarbeiter, –**   colleague, employee
   miteinander   with one another,
   together
die **Mitfahrt, –en**   participation
das **Mitglied, –er**   member
das **Mitgliedsland, –̈er**   member country
   mitteilen (*sep*)   to inform
das **Mittelgewicht, –e**   average weight
   mittelgroß   average size
   mitunter   occasionally
das **Mobilfunkgerät, –e**   mobile phone
die **Mobilität**   mobility
das **Mobiltelefon, –e**   mobile phone
das **Modell, –e**   model
der **Moderator, –en**   presenter
   möglich   possible
   möglicherweise   possibly
die **Möglichkeit, –en**   possibility
   möglichst schnell   as soon as possible
der **Monatsbetrag, –̈e**   monthly amount
die **Monatsrate, –n**   monthly instalment
die **Montage**   fitting
   Morgen!   Good morning!
   morgens   in the morning
die **Motivationsfähigkeit, –en**   ability to
   motivate
   mündlich   verbally

das **Münztelefon, –e**   coin-operated
   telephone
das **Museum, –een**   museum
die **Musik**   music
das **Muster, –**   sample
das **Musterstück, –e**   sample item

N

der **Nachbar, –n**   neighbour
die **Nachfrage, –n**   demand
   nachfragen (*sep*)   to enquire
die **Nachfrist, –en**   extension of time limit
die **Nachnahme**   cash on delivery
der **Nachname, –n**   family name
die **Nachricht, –en**   news
die **Nachrichtenagentur, –en**   news agency
   nachschlagen* (*sep*)   to look up
   nachsehen* (*sep*)   to check
   nächste   next
der **Nachtklub, –s**   night club
   nachträglich   later
der **Nachweis, –e**   evidence
die **Nähe, –n**   vicinity
   in der Nähe von   near
die **Nahrungsindustrie, –n**   food industry
die **Nahrungsmittel** (*pl*)   foodstuffs
der **Nahverkehr**   local travel
die **Namentaste, –n**   button with name on
   namhaft   well-known
die **Nässe**   wetness
die **Naturwissenschaft, –en**   natural
   science
   nebelig   foggy
   nennen*   to name
   netto Kasse   cash with discount
   neu   again, new
   neuartig   latest, new
die **Neuordnung**   reclassification
   nicht mehr   no longer
das **Nichtraucherzeichen, –**   no-smoking
   sign
   nicht wahr?   aren't you? isn't it?
   niederlassen (*refl*) (*sep*)   to set up a
   business
die **Niederlassung, –en**   subsidiary
   company
   niedrig   low
   noch einmal   (once) again
   nochmals   (once) again
   nördlich   northern

notieren to note down
nötig necessary
die **Notiz, –en** note
die **Notmaßnahme, –n** emergency measure
die **Nudel, –n** noodle
die **Nummer, –n** number
nutzen/nützen to use, to be of use

O

ob whether
oben stehend above
obig above
öffentlich public
die **Offerte, –n** offer, quotation
ohne without
der **Ökonom, –en** economist
die **Oper, –n** opera
die **Ordentlichkeit** tidiness
die **Ordnung** order
in Ordnung that's fine; in order
die **Orgel, –n** organ
die **Originalität** authenticity, originality
der **Ort, –e** place
örtlich local
der **Ortsname, –n** place-name
die **Ortsnetzkennzahl, –en** local phone code
die **Osterferien** Easter holidays
der **Overheadprojektor, –en** overhead projector

P

ein paar a few
das **Paket, –e** parcel
die **Palette, –n** pallet
das **Panel, –e** panel
die **Panne, –n** breakdown
das **Papier, –e** paper
der **Parkplatz, ̈-e** car park
der **Passagier, –e** passenger
der **Passant, –en** passer-by
passen to be suitable
passieren to happen
die **Person, –en** person
das **Personal** personnel
der **Personalausweis, –e** personal identity card
der **Personalcomputer, –** home, personal computer

der **Personalleiter, –** personnel manager
die **Persönlichkeit, –en** personality
die **Pfeife, –n** pipe
pflegen to care for
das **Pfund, –e** pound sterling
die **Phantasie** imagination
der **Plan, ̈-e** plan
planmäßig scheduled
der **Platz, ̈-e** seat
die **Politik** policy
die **Polizei** police
das **Porto, –s** postage
die **Post, –** post, postal service
die **Postleitzahl, –en** postcode
der **Posten, –** item
das **Postfach, ̈-er** post-office box
die **Postüberweisung, –en** postal transfer
die **Preisliste, –n** price list
die **Preisstellung, –en** (quoted) price
die **Preiszustellung, –en** quote
preiswert good value
die **Presseinformation, –en** press release
prima good, great
der **Privatbrief, –e** private letter
die **Privatnummer, –n** private number
pro per
das **Probestück, –e** test-piece
das **Produkt, –e** product
das **Profil, –e** profile
das **Programm, –e** programme, range
der **Prospekt, –e** brochure
das **Prozent, –e** percent(age)
prüfen to test, to try out
die **Prüfung, –en** examination, testing
psychisch mental, psychological
pünktlich punctual
die **Pünktlichkeit** punctuality

Q

der/das **Quadratmeter, –** square metre
qualifizieren to qualify
die **Qualität, –en** quality
die **Qualitätsnorm, –en** standard
die **Quantität, –en** quantity
die **Quelle, –n** source
das **Queue, –s** cue (snooker)

R

der **Rabatt, –e** discount

das **Radio, –s** radio

der/das **Radiergummi, –s** rubber, eraser

radioaktiv radioactive

rahmenlos frameless

das **Rahmenprofil, –e** edge

der **Rand, ⸚er** edge

die **Rate, –n** instalment

die **Ratenzahlung, –en** payment by instalments

das **Rathaus, ⸚er** town hall

der **Raum, ⸚e** room

das **Raummaß, –e** capacity, cubic measure

der **Räumungsverkauf, –e** clearance sale

der **Realschulabschluss, ⸚sse** completion of secondary schooling

die **Rechnung, –en** invoice

auf Rechnung von to the account of

auf eigener Rechnung on one's own account

in Rechnung gehen to be charged

der **Rechnungserhalt, ⸚e** receipt of invoice

das **Rechnungswesen** accounts department

rechtzeitig prompt

der **Rechtsanwalt, ⸚e** lawyer

die **Redaktion** editorial office

reden to speak

reduzieren to reduce

die **Referenz, –en** reference

regelmäßig regular

reichhaltig plentiful, numerous

die **Reihe, –n** row

an der Reihe sein*† to be next, have one's turn

dic **Reisebroschüre, –n** travel brochure

die **Reiseleitung, –en** accompanied journey

der **Reisepaß, –pässe** passport

der **Reisescheck, –s** traveller's cheque

der **Reiz, –e** charm

die **Reklame, –n** advert

reparieren to repair

die **Reportage, –n** report

das **Rezept, –e** recipe

richtig correct

die **Richtigkeit** correctness

die **Richtung, –en** direction

riesig gigantic. extensive

rigoros rigorous

der **Rohstoff, –e** raw material

der **Rollläden, –** roller blind

die **Rolle, –n** role

eine Rolle spielen to play a role

rostfrei stainless

das **Rückgrat, –e** backbone

die **Rückkehr** return

die **Rückseite, –n** reverse side

die **Rufnummer, –n** telephone number

ruhen to rest, be out of operation, cease trading

rund approximately

der **Ruhestand** retirement

die **Rundfahrt, –en** round trip

der **Rücktritt, –e** withdrawal, resignation

S

der **Saal, Säle** room

die **Sache, –n** matter

der **Sachbearbeiter, –** office worker in charge of a case

der **Sack, ⸚e** sack

das **Salatbüffet, –s** salad buffet

das **Salz, –e** salt

sammeln to gather, collect

der **Satz, ⸚e** sentence

die **S–Bahn, –en** (= Schnellbahn) local train

der **Scheck, –s** cheque

schaffen* to manage

schlau fully briefed

schließen* to form (a compromise)

schicken to send

das **Schiebedach, ⸚er** sliding roof

scheinen* to seem

das **Schiff, –e** boat, ship

die **Schiffsfracht, –en** sea freight

das **Schild, –er** sign

schlecht poor

schmutzig dirty

schnellstens as quickly as possible

schneiden* to cut

die **Schnur, ⸚e** cable

der **Schrägstrich, –e** oblique (line)

der **Schreibautomat, –en** word processor

der **Schreibtisch, –e** desk

schriftlich in writing

der **Schriftverkehr** correspondence

der **Schritt, –e** step

der **Schuh, –e** shoe

die **Schuld, –en** debt, guilt

ich bin schuld daran I am guilty

die **Schule, –n** school

schützen to protect

schwach weak

schwachwindig slightly breezy

schwarz black

die **Schwimmhalle, –n** indoor swimming pool

die **Seefracht, –en** sea freight

segeln to sail

die **Schwierigkeit, –en** difficulty

der **Seefrachtbrief, –e** sea waybill

die **Sehenswürdigkeit, –en** sight (worth seeing)

die **Seite, –n** page

das **Seitenpanel, –e** side panel

das **Sekretariat, –e** secretary's office

der **Sekt, –e** champagne, sparkling wine

selbstständig independent

selten seldom used

senden* to send

die **Sendung, –en** consignment

senken to lower

der **Serienbrief, –e** standard letter

der **Service, –s** service

servieren to serve

die **Setzung, –en** implementation

sicher sure

die **Sicherheit, –en** confidence, safety, security

die **Sicherheitsinstruktion, –en** safety instruction

doe **Sicherheitstechnik** safety technology, ergonomics

die **Sicherheitsvorkehrung, –en** safety procedure

der **Signalton, –e** dialling tone

sinken*† to sink

sitzen* to sit

der **Sitzplatz, –̈e** seat, place

die **Sitzung, –en** meeting

die **Skizze, –n** sketch

der/das **Skonto** discount

der **Skontoabzug, –̈e** deduction for discount

so so, like this

die **Socke, –n** sock

sofern provided (that)

sofort immediately

sofortig immediate

solche such

sondern but

der **Sonderverkauf, –̈e** special sale

sonstig other

sorgen für (acc) to take care of

die **Sorte, –n** type

das **Sortiment, –e** range

die **Sozialleistung, –en** conditions of service

sparen to save

der **Spaß, –̈e** fun

spät late

spätestens at the latest

der **Spediteur, –e** forwarding agent

der **Speicher, –** memory

speichern to store

speziell special

die **Spezifikation, –en** specification

spielen to play

der **Spitzenprodukt, –e** top-of-the-range product

der **Spitzenwein, –e** quality wine

Sport treiben* to do sport

das **Sportgeschäft, –e** sports shop

sprachenkundig proficient in languages

der **Sprachkurs, –kurse** language course

sprechen* to speak

der **Sprecher, –** speaker

der **Staat, –en** state

die **Staatsangehörigkeit, –en** nationality

stabil stable

die **Stadtgalerie, –n** municipal gallery

städtisch municipal

die **Stadtrundfahrt, –en** tour of the city

das **Stadtzentrum, –tren** town centre

der **Stahlproduzent, –en** steel producer

ständig constantly

die **Stärkung, –en** refreshment

die **Starteinkünfte** initial earnings

statt (gen) instead of

stattdessen instead of that

stattfinden*† – (sep) to take place

der **Stau, –e** congestion

steigen*† to rise

die **Stelle, –n** place, spot, post

das **Stellenangebot, –e** job vacancy

stellenweise in places

der **Stellenwert, –e** significance

die **Stellung, –en** job

die **Stellungnahme, –n** comment, position

stempeln to stamp

die **Stenotypistin, –nen** shorthand typist

stets always

die **Steuerberatung** tax advice

steuern to steer

der **Stillstand, ⁻e** traffic jam

stimmen to be right

stören to interfere

stornieren to cancel

die **Strecke, –n** route, section

streng strictly

der **Strom, –e** (electric) power

das **Stück, –e** item, piece

das **Stückgut, ⁻er** individual item

der **Stückpreis, –e** unit price

das **Studienfach, ⁻er** subject studied

studieren to study

das **Studium, –ien** study

der **Sub–Lieferant, –en** sub–contractor

suchen to look for

T

die **Tabelle, –n** table

der **Tag, –e** day

täglich daily

tagsüber during the day

die **Tankstelle, –n** petrol station

tanzen to dance

der **Tapetenkleister, –** wallpaper paste

die **Tasche, –n** pocket

die **Taste, –n** push button, key

die **Tätigkeit, –en** activity

tauschen to exchange

das **Team, –s** team

die **Technik** technology

technisch technical

der **Teil, –e** part

die **Teillieferung, –en** part delivery

teilnehmen* (*sep*) to take part

der **Teilnehmer, –** participant

teilweise partial

das **Telefonbuch, ⁻er** telephone book

die **Telefondurchwahl** direct dialling

das **Telefongespräch, –e** telephone conversation

die **Telefonkarte, –n** telephone card

die **Telefonhaube, –n** telephone hood

das **Telefonhäuschen,** telephone box

die **Telefonnummer, –n** telephone number

die **Telefonzelle, –n** telephone booth

der **Termin, –e** appointment

einen Termin ausmachen (*sep*) to fix an appointment

der **Terminablauf, ⁻e** exceeding of time limit

der **Terminkalender, –** appointments diary

der **Test, –s** test

testen to test

teuer expensive

der **Textbaustein, –e** recurring text

das **Theater, –** theatre

das **Thema, –men theme**

die **Tiefkühlkost** frozen food

tippen to type

der **Tisch, –e** table

zu Tisch gehen* to go for one's meal-break

die **Tischplatte, –n** table-top panel

die **Tochtergesellschaft, –en** subsidiary company

die **Tonne, –n** tonne, 1000 kg

der **Totalausverkauf, ⁻e** clearance sale

tragen* to carry

die **Tragtasche, –n** carry bag

der **Transport, –e** transport

transportabel portable

das **Transportmittel, –** means of transport

die **Transportmöglichkeit, –en** transport possibilities

treffen* to meet

der **Treibstoff** fuel

die **Trommel, –n** drum

die **Trompete, –n** trumpet

trotz in spite of

der **Trumpf, ⁻e** success

tschüs goodbye, cheerio

die **Tugend, –en** virtue

die **Tür, –en** door

der **Turm, ⁻e** tower

U

die **U-Bahn (= Untergrundbahn)** underground train

über about, for, over

der **Überblick, –e** general view, idea

überfällig overdue

übergeben* to pass on

überhaupt at all

überholen to overhaul

(etwas) überlegen (*refl + dat*) to think about (something)

	übermitteln to transfer	
	übermorgen day after tomorrow	
	übernächste (Woche) (week) after next	
	übernehmen* to begin, to assume, to take over from someone	
die	**Überraschung, –en** surprise	
	übersenden* to send	
	übersetzen to translate	
die	**Übersicht, –en** summary	
die	**Übertragung, –en** transmission	
	überweisen* to transfer	
	überwiegend predominantly	
die	**Überzeugung, –en** certainty, conviction	
	üblich usual, normal	
	übrig other	
	übrigens moreover	
das	**Uhrengehäuse, –** watch casing	
	um by	
die	**Umgebung, –en** surrounding area	
der	**Umfang, ̈e** circumference	
	umgehend by return	
	umgekehrt vice-versa, the other way round	
	umleiten (*sep*) to divert	
der	**Umschlag, ̈e** envelope	
	umschlagen* to handle	
	umsetzen (*sep*) to realise	
die	**Umwelt** environment	
das	**Umweltbewusstsein** environmental awareness	
	umziehen† (*sep*) to move	
	unbedingt without fail	
	unbezahlt unpaid	
der	**Unfall, ̈e** accident	
der	**Unfalldienst** ambulance service	
	ungeduldig impatient	
	ungefähr approximately	
die	**Universität, –en** university	
	unten stehend following	
	unterbrechen* to interrupt	
	unterbreiten to submit	
die	**Unterhaltung, –en** entertainment	
die	**Unterkunft, ̈e** accommodation	
die	**Unterlage, –n** support document, file	
	unternehmen* to do, to undertake	
das	**Unternehmen, –** company	
	unterscheiden* to distinguish	
der	**Unterschied, –e** difference	
	unterschreiben to sign	
die	**Unterschrift, –en** signature	

	unterstreichen* to underline, stress
	unterwegs en route
	unverändert unchanged
	unverbindlich not binding
	unvollständig incomplete
	unwiderruflich irrevocable
	unzufrieden discontented
der	**Urlaub, –e** holiday
	ursprünglich original
das	**Ursprungszeugnis, –se** certificate of origin

V

	veranschlagen to estimate
der	**Veranstalter, –e** organiser
die	**Veranstaltung, –en** event
	verantwortlich responsible
das	**Verantwortungsbewusstsein** sense of responsibility
die	**Verantwortlichkeit, –en** responsibility
die	**Verbandsprüfung, –en** professional exam
	verbinden* to connect; to contact
die	**Verbindung, –en** connection
	verbleiben* to remain
	verbrauchen to use up
	verbringen* to spend
	verdienen to earn
	vereinbaren to agree on
die	**Vereinbarung, –en** agreement
	nach Vereinbarung as agreed
	vereinzelt isolated
	verfassen to write, compose
	verfügen über (*acc*) to have at one's disposal; be equipped with
	zur Verfügung stehen* to be available, at one's disposal
	vergessen* to forget
der	**Vergleich, –e** comparison
	vergleichen to compare
die	**Vergünstigung, –en** concession
	vergüten to reimburse, refund
das	**Verhältnis, –se** circumstances
	verkaufen to sell
die	**Verkaufsabteilung, –en** sales department
die	**Verkaufsbedingung, –en** sales condition
der	**Verkaufsleiter, –** sales manager
der	**Verkehr** traffic

das **Verkehrsamt, ¨er** tourist office
die **Verkehrsbehinderung, –en** traffic disruption
der **Verkehrshinweis, –e** traffic report
das **Verkehrsmittel** means of transport
der **Verkehrsverbund, –e** transport authority
der **Verlag, –e** publishing company
verlockend tempting, seductive
der **Verlust, –e** loss
verlassen* to leave
verleihen* to award
verloren gehen[†] to be lost, to go missing
vermitteln to provide; to connect
die **Vermittlung, –en** switchboard, exchange
vernichten to destroy
vernünftig sensible
verpacken to pack, package
die **Verpackung, –en** packing
die **Verpackungsliste, –n** packing list
verpflichtet obliged
die **Versandanzeige, –n** advice note
das **Versandhaus, ¨er** mail-order company
die **Versandvorschrift, –en** forwarding instructions
verschieden various, different
die **Verschiffung, –en** shipment
die **Verschiffungsanweisung, –en** shipping instructions
versichern to insure
die **Versicherung, –en** insurance
verstehen* to understand
verstehen* (*refl*) to cover
versuchen to try
verteilen to distribute
der **Vertrag, ¨e** contract
der **Vertreter, –** representative, agent
die **Vertretung, –en** agency
die **Vertriebsleitung, –en** sales management
vertriebsorientiert market orientated
Verwaltung, –en administration
verwandeln (*refl*) to transform
verweisen to refer
die **Verwendung, –en** use
der **Verwendungszweck, –e** use, application
verwirrend bewildering

das **Verzeichnis, –se** directory
verzichten to do without
verzögern (*refl.*) to be delayed
die **Verzögerung, –en** delay
verzollen to pay duty on
der **Verzug, ¨e** delay
viel much, a lot
viele many
die **Vielfalt** variety
vielfältig various
vielseitig varied
viermal four times
völlig completely
vollständig complete
die **Violine, –n** violin
die **Volkshochschule, –n** adult education, college
vor ago
voraussehbar foreseeable
die **Voraussetzung, –en** requirement
im Voraus in advance
vorbehalten reserved
vorbeikommen*[†] (*sep*) to call in
Vorbereitungen treffen* to make arrangements
vorgehen*[†] (*sep*) to proceed
der **Vorgesetzte, –n** superior
vorhaben* (*sep*) to plan
vorhanden existing
die **Vorhersage, –n** forecast
vorkommen*[†] (*sep*) to appear
der **Vorname, –n** Christian/first name
vorrätig in stock
der **Vorraum, –e** area near exit
die **Vorraussetzung, –en** stipulation, condition, requirement
der **Vorschlag, ¨e** suggestion
vorschreiben (*sep*) to prescribe
die **Vorschrift, –en** regulation, instruction
die **Vorsicht** caution
der/die **Vorsitzende, –n** chairman
vorstellen* (*refl*) to introduce onself
vorstellen* (*refl + dat*) to imagine
das **Vorstellungsgespräch, –e** interview
der **Vorteil, –e** advantage
der **Vortrag, ¨e** lecture
die **Vorwahl, –en** regional code, area code
vorweisen* (*sep*) to show, present
vorzeigen (*sep*) to present
vorziehen* (*sep*) to prefer

W

der	**Waggon, –s**	goods wagon
die	**Wahl, –en**	choice
	nach Wahl	choice (customer's/supplier's}
	wählen	to dial, to choose
	wahrscheinlich	probably
die	**Ware, –n**	item, goods
die	**Warenannahme, –n**	receipt of goods
der	**Warenausgang, ̈e**	'goods-out'
der	**Wareneingang, ̈e**	'goods-in'
die	**Wärme**	heat, warmth
die	**Wärmeanlage, –n**	heating system
	warten auf (*acc*)	to wait for
	was... für (?)	what sort of (?)
der	**Wasserstand, ̈e**	water-level
das	**Watt, –e**	mud flat
	wechseln	to exchange, change
	wegen	owing to
	weglassen* (*sep*)	to omit
die	**Weihnachten** (*pl*)	Christmas
die	**Weinkneipe, –n**	wine-bar
die	**Weinlese, –n**	wine harvest
	weiß	white
die	**Weiterbildung, –en**	career development training
	weitergeben* (*sep*)	to pass
	weiterhin	in addition
die	**Welt, –en**	world
die	**Weltklasse**	world class
	aus aller Welt	from all over the world
	wenig	little
	wenige	a few
die	**Werbeagentur, –en**	advertising agency
die	**Werbeleitung, –en**	advertising department
das	**Werk, –e**	works
die	**Werkstatt, ̈e**	place of work
der	**Werkstoff, –e**	material
die	**Werkstoffnorm, –en**	material standard
der	**Wetterdienst, –**	meteorological office
die	**Wetterlage, –n**	weather situation
	wichtig	important
	widersprechen*	to contradict
	wie lange?	how long?
	wiederholen	to repeat
	wiegen*	to weigh
	wirklich	really
die	**Wirtschaft**	economy
	wirtschaftlich	economic

die	**Wirtschaftlichkeit**	remuneration
	wissen	to know
	woanders	elsewhere
das	**Wochenende, –n**	weekend
	wöchentlich	weekly
	wohnhaft	resident
	wolkig	cloudy
das	**Wörterbuch, ̈er**	dictionary
	wunderbar	wonderful
	wünschen	to require

Z

die	**Zahl, –en**	number, amount
	zahlbar	payable
	zahlreich	numerous
die	**Zahlung, –en**	payment
die	**Zahlungsaufforderung, –en**	request for payment
die	**Zahlungsbedingung, –en**	conditions of payment
die	**Zahlungserinnerung, –en**	payment reminder
das	**Zahlungsmittel, –**	method of payment
der	**Zahlungstag, –e**	day of payment
die	**Zahlungsweise, –n**	method of payment
der	**Zeichner, –**	draughtsman
die	**Zeichnung, –en**	drawing
die	**Zeit**	time
	zur Zeit	at the time, at the moment
	zeitgemäß	modern, up-to-date
der	**Zeitpunkt, –e**	time
die	**Zeitschrift, –en**	magazine, journal
die	**Zeitung, –en**	newspaper
der	**Zeitungsartikel, –**	newspaper article
	zeitweise	part-time
die	**Zentrale, –n**	switchboard
die	**Zentralverriegelung, –en**	central locking
	zerbrechlich	fragile
	zerkratzt	scratched
das	**Zeugnis, –se**	certificate
	ziehen*	to pull
das	**Ziel, –e**	aim
der	**Zielbahnhof, ̈e**	destination (station)
der	**Zielort, –e**	destination
die	**Zielstrebigkeit**	determination
	ziemlich	rather
die	**Ziffer, –n**	number, figure
der	**Zins, –en**	interest

der **Zinsaufschlag, ⁻e** increase in interest

die **Zollabfertigung, –en** customs clearance

die **Zone, –n** zone

das **Zubehör** accessories

zuerst first of all

zufällig by chance

zufrieden satisfied

zugelassen licensed, registered

die **Zugangsvoraussetzung, –en** entry requirement

zugrunde liegen to have as a basis

zukünftig future

zulässig permitted

zunächst first

zunehmen (*sep*) to increase

zurückblicken to look back

zurückführen auf (*acc*) (*sep*) to be due to

zurückrufen (*sep*) to call back

zurückkommen*† (*sep*) to come back

zurückschicken (*sep*) to send back

zurücksenden* (*sep*) to send back, to return

zurückstellen (*sep*) to transfer, put back

die **Zusammenarbeit** co-operation

der **Zusammenbruch, ⁻e** breakdown

zusammenfassen (*sep*) to summarise

der **Zusammenschluss, ⁻sse** confederation

die **Zusammensetzung, –en** composition

der **Zusatz, ⁻e** addition

zusätzlich additional

zuschicken (*sep*) to send

zuständig responsible

die **Zustellung, –en** dispatch, delivery

zustimmen (*sep*) to agree

zuverlässig reliable

zuzüglich plus (*gen*), in addition to

der **Zweig, –e** branch

zwischen between

der **Zylinder, –** cylinder

Acknowledgements

The authors are grateful to the following for their guidance: A T Poeton and Son Ltd, Gloucester; Careers Advisory and Business Services, Lancs; Columbus Plastics Ltd, Cheltenham; National Westminster Bank plc, Cheltenham; Thurston Snooker, Liverpool, Birmingham and London; Josef and Monika Merten; Petra Steinert-Hermann; Ingrid Lechner-Hare. Special thanks are due to Adelheid Höffgen for her work in incorporating the German spelling reforms in this edition.

The authors and publishers are grateful to the following for permission to reproduce material:

Volkshochschule Göttingen e.V. for the extracts from their prospectus on page 18;
Nimlok Ltd for the extract from their leaflet on page 31;
Helga Lade Fotoagentur for the photos on pages 43, 68, 94;
Lufthansa for the extracts from their publication on page 82;
Arabella Airport Hotel Düsseldorf for the extract from their publication on page 83;
Deutsche Bundesbahn for the extracts from their publications on pages 84, 108 and 112;
LTU International Airways for the extract from their timetable on page 86;
Rainer Thiele Verlag for the extracts from *München Life* on pages 95–6;
Keystone Pressedienst for the photo on page 107;
Blue Valley Music Services for their text on page 109;
Code-A-Phone AG for their advert on page 109;
Deutsche Telekom for their photo on page 111;
Salzburg tourist information for their letter on page 125.
Hertz Autovermietung GmbH for the extracts from their leaflet on page 128;

Every attempt has been made to contact copyright holders, but we apologise if any have been overlooked.